POUR UN LENDEMAIN sans libertés volées

ISBN : 978-2-8132-2959-5

www.editions-tredaniel.com
info@guytredaniel.fr
www.facebook.com/tredaniel.reflexion
@tredaniel_reflexion

Maître Carlo Alberto Brusa

Entretien avec Hervé Lozac'h
Préface du Dr Nicole Delépine
Avant-propos du Dr Martine Wonner

POUR UN LENDEMAIN sans libertés volées

Ne pas savoir est dangereux.

Ne pas vouloir savoir est complice.

Guy **Trédaniel** éditeur
19, rue Saint-Séverin
75005 Paris

Sommaire

Préface du Dr Nicole Delépine

Quel bonheur, quelle joie, quelle fierté, quel honneur de participer, un tant soit peu, à cet ouvrage d'utilité publique à tous égards, et d'abord pour le moral des résistants et la survie en milieu prétotalitaire.

Mon ami Carlo est avocat, mais il aurait pu être cancérologue et parmi les meilleurs (ceux d'autrefois qui ne sont pas des robots et tentent encore, à travers tous les obstacles, de trouver la meilleure voie pour guérir, ou au moins donner quelques années de vie de qualité à un patient…), en abordant chaque personne avec amour, compassion et compréhension, créant un lien indispensable à la guérison ou à son approche.

Dans les pages qui suivent, vous dégusterez doucement ces messages essentiels : *il ne faut jamais renoncer*, ne jamais déprimer, ne jamais casser les autres dans leurs espoirs, ni dans leurs actions, leurs ambitions, même s'ils semblent parfois utopiques. Aucun combat n'est perdu d'avance tant qu'on le livre, comme nous le disions dès notre premier livre *Neuf petits lits au fond du couloir* en l'an 2000[1].

1. Nicole Delépine, *Neuf Petits Lits au fond du couloir : ou le combat d'un médecin hospitalier*, Michalon, 2000.

> « Ceux qui vivent, ce sont ceux qui luttent ; ce sont
> Ceux dont un dessein ferme emplit l'âme et le front,
> Ceux qui d'un haut destin gravissent l'âpre cime,
> Ceux qui marchent pensifs, épris d'un but sublime,
> Ayant devant les yeux sans cesse, nuit et jour,
> Ou quelque saint labeur ou quelque grand amour[1]. »

Nous tentions alors de convaincre familles et médecins qu'il existe toujours une solution et que rien ne sert de donner un cocktail mortel à leur enfant comme le conseillaient les pédiatres devant des situations qui leur semblaient désespérées. Qui sommes-nous pour juger, pour asséner des probabilités de tant de mois de vie, alors que pour bon nombre d'enfants recueillis à Herold puis Robert Debré, et jusqu'à Garches, ce fut finalement et heureusement très différent ?

Contre la descente aux enfers, Carlo nous invite à nous battre et avec les armes qui sont les siennes : le droit.

> « Car le plus lourd fardeau, c'est d'exister sans vivre[2]. »

Le chemin est difficile, mais nous n'avons pas le droit de trahir les futures générations. Pour nous, médecins retraités, c'est le chemin de l'information sourcée, vérifiée, précisée qui nous maintient dans la vie, le combat, afin que les citoyens, patients potentiels, soient éclairés au milieu de cet amas sordide de désinformation quasi généralisée. Puisse notre éclairage de professionnels de la santé aider les juristes, comme maître Brusa

---

1. Victor Hugo, *Les Châtiments*, Livre IV, 9, 1852.
2. *Ibid.*

et quelques autres, qui se battent bec et ongles pour sortir de l'ornière du totalitarisme, en médecine en particulier.

Une société mortifère, perverse et sadique

La propagande en faveur d'une société de la mort a commencé dès le début de ce siècle et n'a fait que s'aggraver. La tentative du Président de passer une loi sur l'euthanasie, refusée à de multiples reprises dans les trente dernières années grâce aux efforts de Jean Leonetti, entre autres[1,2,3,4], en témoigne. De quel droit imposer cette nouvelle « religion » mortifère par une loi ? Le suicide est encore autorisé, comme l'aide à un proche, à un aimé ; chacun peut prendre ses responsabilités et assumer ses choix, sans dénaturer la fonction médicale ou soignante qui perdrait tout son sens si une telle loi était finalement imposée. Il vaudrait mieux inventer

---

1. Loi du 22 avril 2005, relative aux droits des malades et à la fin de vie, dite loi Leonetti.
2. La loi du 2 février 2016, dite loi Claeys-Leonetti va déjà très loin : a renforcé le droit d'accès aux soins palliatifs mis en place dans la loi du 9 juin 1999, met à disposition les directives anticipées et la désignation de la personne de confiance, pour permettre à nos concitoyens d'exprimer leurs volontés. Comprendre la loi Claeys-Léonetti de 2016 - Ministère de la Santé et de la Prévention (sante.gouv.fr).
3. Lucien Israël, *La Vie jusqu'au bout : euthanasie et autres dérives*, Eyrolles, 1993.
4. Emmanuel Hirsch, *Fin de vie : le choix de l'euthanasie ?*, Le Cherche Midi, 2014 : « Il donne à comprendre que des circonstances toujours exceptionnelles, personnelles et ultimes, ne sauraient justifier le recours à ce qui pourrait être considéré demain comme une loi d'exception. Prudence et discernement s'imposent donc, "entre immobilisme et changement", dans l'exercice d'une responsabilité politique qui engage les valeurs de la démocratie. »

un corps de « bourreaux » plutôt que honteusement violer notre mission. Quel regard le patient peut-il porter sur son médecin s'il sait que celui-ci a le droit de le tuer ?

Cette société du désespoir, de la mort, de l'indifférence entre générations n'est pas celle de Carlo, de Tmpx, de Riccardo, ni de tous les bénévoles qu'ils réunissent autour d'eux. Elle n'est pas la nôtre non plus, et nous nous sommes vite reconnus comme une grande famille dès les premiers jours du confinement, du décret mortifère du Rivotril® aggravant le sort des personnes âgées et handicapées, de la distanciation sociale et des masques, de l'enseignement ou des réunions à distance, des jouets interdits dans les supermarchés, comme si le contact des autres et le jeu n'étaient pas vitaux pour la construction des enfants.

Lors de notre première rencontre, Carlo, un humain vrai, m'est tombé dans les bras, et nous nous sommes d'emblée reconnus. Notre combat, avec des armes différentes et pourtant complémentaires, est le même : aider l'humanité à rester humaine et libre, refuser sa transformation en troupeau d'êtres apeurés, soumis et consentants. Donner à nos concitoyens les armes en notre possession, comme d'autres ouvrent des portes en fonction de leurs compétences. Sauver la liberté pour laquelle nos parents ont combattu et, pour certains, donné leur vie.

Comme l'avenir de l'humanité que constituent nos enfants, petits-enfants, est menacé par le totalitarisme qui s'installe sous nos yeux, il est de notre devoir à tous d'informer et de décrypter pour éclairer ce qui s'est passé depuis plus d'une cinquantaine d'années, après l'euphorie de la victoire des Alliés sur le fascisme hitlérien. En guise de liberté apparente, nous avons plongé progressivement dans une société de consommation abusive, réduisant nos vies et nos espoirs au célèbre « du pain et des jeux », à l'acquisition de la dernière télévision ou du portable de l'année, tandis qu'une nouvelle forme de dictature reprenait progressivement le pouvoir, à travers des institutions pseudo-démocratiques qui fourvoyaient les peuples[1,2].

L'Union européenne, en ce qu'elle est devenue, en constitue un catastrophique exemple et a conduit les gouvernants français à détruire les services publics, l'école, l'université et la recherche, la poste, la justice, le système hospitalier, etc. Peu à peu, les enfants ont été embrigadés dans des dogmes préétablis, ne leur laissant plus le loisir de se construire[3]. Ils tentent même de leur imposer la sexualité et l'absurde théorie du genre[4] pendant cette période pourtant naturellement muette sur ce sujet.

Ils ont tenté et tentent encore de mettre en place une gouvernance mondiale totalitaire. Le pseudo-vaccin expérimental qui a déjà tué et handicapé de nombreuses personnes qui ne craignaient rien au Covid (dont des enfants[5] !), semble également diminuer la fertilité humaine et donc permettre cette réduction de l'humanité,

---

1. Richard Breitman, Norman Broda, *L'Ombre d'Hitler : les services secrets américains et les criminels nazis pendant la Guerre froide*, Jean-Cyrille Godefroy Éditions, 2022.
2. Ariane Bilheran, *L'Internationale nazie*, Bookelis, 2022.
3. Liliane Lurçat, *Vers une école totalitaire ? L'enfance massifiée à l'école et dans la société*, 2001.
4. Bérénice Levet, *La Théorie du genre ou le monde rêvé des anges*, Le Livre de Poche, 2016.
5. Nicole et Gérard Delépine, *Les Enfants sacrifiés du Covid : isolement, masques et vaccins*, Fauves, 2022.

dont rêvent ostensiblement les Schwab[1], Soros, et cie. Mettre au pas les humains *via* le contrôle social à la chinoise leur paraît un jeu d'enfant.

Mais ils se trompent, car toutes les dictatures tombent un jour ou l'autre. Question de temps et donc, malheureusement, de victimes…

L'épisode Covid-19 fut la cerise sur le gâteau que ceux qui, comme Carlo, avaient vécu des épisodes douloureux à une période de leur vie, reconnurent vite comme l'installation insidieuse de la dictature. Les rangs serrés de CRS « protégeant » le Conseil constitutionnel en ce 13 avril 2023 démontrent bien, pour ceux qui en doutaient encore, qu'il y a quelque chose de pourri au royaume de France et que le peuple se rend compte que la démocratie a déraillé.

Ils veulent nous faire entrer dans une société à la chinoise où le contrôle des pensées et des actes est le grand rêve des « élites », s'arrogeant le pouvoir de nous transformer en esclaves tout juste nourris, et éventuellement décimés quand les cobayes se révoltent.

Allons-nous les laisser faire ?

« Qu'avons-nous fait de notre lucidité, de notre discernement, de notre liberté de penser ? »

Cette phrase essentielle du livre nous ramène à notre pratique médicale des trente dernières années, vécue comme jeunes, puis moins jeunes médecins, comme un déchirement solitaire (entre

---

1. Pendant les années de guerre, Eugen Schwab a continué à diriger le National Socialist Model Building Company Escher-Wyss. En Suisse, la société a produit d'importantes armes de guerre pour la Wehrmacht d'Hitler, ainsi que des armements plus simples. « À propos de l'histoire familiale et de la "carrière" de Klaus Schwab », Extremnews, https://www.extremnews.com/berichte/zeitgeschichte/1eca18a3aa5bc8c.

collègues, et encore) et dans l'indifférence générale, malgré des alertes multiples de pratiquants de la médecine d'Hippocrate[1,2,3,4], multipliant les livres dans le silence intersidéral des médias, mais aussi des associations de patients, des syndicats médicaux, etc.

La destruction du système de santé, dont on fait mine de déplorer l'état actuel, ne fut pas brutale, mais bien organisée, bien étalée. Elle fut camouflée comme toujours par des bons sentiments visant soi-disant à mieux soigner, à mieux accompagner… Les plans cancer furent, et sont encore, le summum de la malhonnêteté intellectuelle[5]. Les réunions multidisciplinaires concernant tout malade traité pour cancer (en son absence et en l'absence de son médecin traitant), ne consistent pas à discuter du meilleur traitement à appliquer à chaque personne, individu unique, en fonction de ses spécificités, ses antécédents, ses choix ou l'avis de son médecin qui le connaît personnellement. Elles ont été créées pour imposer le « protocole », qui, le plus souvent, comprend l'essai thérapeutique de nouvelles drogues.

Et aucun médecin ni aucun service ne peuvent y déroger sans voir, à terme, son autorisation d'exercer refusée par l'autorité administrative inventée ces deux dernières décennies : les ARH créées en 1996 par Alain Juppé (un des soi-disant sages du Conseil constitutionnel qui ne parvint pas à imposer sa réforme

---

1. Pr Philippe Even, Pr Bernard Debré, *Avertissement aux malades, aux médecins et aux élus*, Le Cherche Midi, 2002.
2. Peter Gotzsche, *Remèdes mortels et crime organisé : comment l'industrie pharmaceutique a corrompu les services de santé*, Presses Université Laval, 2019.
3. Marcia Angell, *La Vérité sur les compagnies pharmaceutiques : Comment elles nous trompent et comment les contrecarrer*, Le Mieux-être, 2005.
4. Nicole et Gérard Delépine, *Soigner ou Obéir. Premières mesures urgentes pour éviter le naufrage*, Fauves, 2016.
5. Nicole Delépine, *Le Cancer, un fléau qui rapporte*, Michalon, 2013.

des retraites en 1995), agences régionales d'hospitalisation contrôlant l'hospitalisation publique, remplacées en 2008 sous Sarkozy par les fameuses ARS, agences régionales de santé couvrant public, privé, ville, hôpital et bras armés du ministère de la Santé, organisations purement bureaucratiques et autoritaires, dont la suppression serait un premier pas majeur pour espérer reconstruire un système de santé au bénéfice du malade.

Dès le virage Thatcher en 1984, fut modifié le statut des médecins des hôpitaux pour « PH », c'est-à-dire praticien hospitalier, titre non spécifique dédié à des « docteurs » au sens d'autrefois, le médecin qui vous examine, vous touche, vous console, mais aussi aux pharmaciens, ingénieurs ou autres. Bref, une catégorie bureaucratique qui augurait bien de ce qui allait advenir dans les hôpitaux, avec la mise aux ordres des chefs de service, bientôt eux-mêmes sous la coupe des directeurs non médecins issus de l'ENA ou de la sous-ENA, l'école de Rennes, qui firent entrer les tableaux Excel et l'argent à tous les niveaux. Le malade devint un « traceur » dont le nombre de couches, de compresses utilisées est plus important que le confort de celui qui est considéré, peu à peu, comme un « patient », voire une « charge »...

Et progressivement, le « droit » inaliénable de prescrire le meilleur traitement en fonction des données acquises par la science, comme le prescrivait l'arrêt Mercier de 1936, disparut, victime du droit flou[1] qui s'immisça en médecine depuis les années 1980. Les cancérologues, premières « victimes » (consentantes ?), avec les patients, se turent pour la plupart, laissant nos métiers se vider de leur sens. L'interdiction qui nous fut faite dans les années 2000 de tenter de sauver des petits cancéreux condamnés par les grands

1. Mireille DELMAS-MARTY, *Le Flou du droit : du Code pénal aux droits de l'homme*, PUF, 2004.

centres, n'était pas un hasard lié à de méchants chefs de service tout-puissants des centres anticancéreux hégémoniques, mais bien une orientation politique qui allait se généraliser progressivement dans d'autres domaines. Les internes des hôpitaux surent bientôt que devant une infection chez un patient reçu aux urgences pendant leur garde, ils n'avaient plus le choix de l'antibiothérapie mais devaient appliquer l'association d'antibiotiques décidée par leurs grands chefs, lors d'une réunion loin du malade, et indépendamment de leurs études médicales qui semblent n'être plus qu'une peau de chagrin inutile. Les « protocoles » prérédigés et ChatGPT vont pourvoir aux besoins sans blouses blanches[1].

Pour les médecins de ville, les « références médicales opposables » représentèrent la fin du « docteur ». Elles virent le jour dans le début des années 1990, privant les praticiens au lit du malade de leur libre arbitre et du choix du traitement préféré en fonction de leur expérience, leurs habitudes et du désir de leur patient. Choix du malade ? Quelle idée bizarre en 2023, après tant de restrictions sur plus de vingt ans aux droits et devoirs de chaque médecin de respecter son serment d'Hippocrate.

Le pire est que ces amputations successives aux devoirs des médecins de choisir le meilleur traitement connu pour son malade furent acceptées dans le silence médical (et général), expliquant probablement l'absence de réaction (sauf quelques nobles

1. Alerte : attention aux « erreurs » induites par le contenu très « inhumain » choisi et orienté de ce robot hautement puissant : le Dr N. Delépine qui se bat depuis cinquante ans pour le traitement combiné de la chirurgie d'excellence et de la chimiothérapie classique adaptée, individualisée (méthotrexate, ifosfamide, cisplatine, adriamycine etc...) des sarcomes osseux, apparaîtrait selon ce miracle du moment comme antichimiothérapie... Des juristes ont relaté des erreurs majeures dans les jurisprudences énoncées qui pour certaines n'ont jamais existé...

exceptions) aux décisions mortifères de mars 2020, déconseillant aux malades de consulter leur généraliste, de n'appeler le 15 qu'en cas d'asphyxie et d'avaler du Doliprane® à gogo. Nous n'évoquerons pas l'interdiction des antibiotiques et des autres traitements précoces dont chaque médecin savait en 2020 l'innocuité et l'efficacité[1].

La soumission médicale a donc été préparée doucement et progressivement, habituant les patients à la notion de « protocole », tous le même, et finalement à l'absence de médecin au sens propre, une bonne télécabine pouvant faire l'affaire pour beaucoup. On ne soigne plus un malade, mais une maladie. La diminution du nombre de médecins disponibles ne résulte pas non plus du hasard, mais du sabotage imposé par le *numerus clausus* (dès 1971) et de toutes les mesures dégradantes qui ont suivi et détourné les jeunes de ce métier formidable, à condition de l'exercer librement.

Les réponses judiciaires aux familles de patients depuis de nombreuses années furent négatives, toutes les plaintes de nature médicale étant classées sans suite (sur ordre venu d'en haut semble-t-il)... Et le grand silence médiatique et populaire les enterrant poursuivit cette entreprise de démolition. Rappelons par exemple que l'association Ametist[2], qui se bat depuis 1990 pour l'accès des enfants et jeunes atteints de cancer au libre choix de refuser un essai thérapeutique pour bénéficier des traitements éprouvés,

1. Lire les nombreux livres parus sur le sujet, comme ceux de Laurent Muchielli, Laurent Toubiana, Christian Perronne ou Didier Raoult, J.-L. Izambert, entre autres.

2. *AMETIST : Pour la liberté de choix thérapeutique des enfants et adultes atteints du cancer.*

Ametist – Ostéosarcome et Traitement Individualisé des sarcomes chez l'enfant.

a déposé une vingtaine de plaintes et référés au moment de la fermeture de la seule unité indépendante d'oncologie pédiatrique qui perdurait en 2014 à Garches. Ces plaintes furent regroupées en une seule et rejetées en bloc[1],[2].

Il y eut dans ces décennies tout de même de petites victoires comme ce jeune homme soigné au Mans, auquel un jugement avait imposé une « greffe de moelle » et un transfert à Angers,

---

1. Vanessa Boy-Landry, « Les parents espèrent un "retour à la raison" des autorités », *Paris Match*, https://www.parismatch.com/Actu/Societe/Les-parents-esperent-un-retour-a-la-raison-des-autorites-574641
« Familles d'enfants malades, patients guéris et soutiens se sont donné rendez-vous hier matin, 10 juillet, devant le palais de Justice, alors que se plaidait l'affaire qui oppose la ministre de la Santé et Ametist, l'association des parents de Garches. C'est sur les ondes de RMC que Marisol Touraine a réaffirmé hier la fermeture de l'unité d'oncologie pédiatrique du Dr Delépine, dont les traitements défendus par les familles, sont contestés par l'AP-HP. "Toutes les familles ont été extrêmement choquées par l'extrême désinvolture et le désintérêt affichés par la ministre de la Santé qui n'est même pas venue au tribunal et a préféré s'exprimer sur RMC" ».
2. Vanessa Boy-Landry, « Que sont devenus les enfants de Garches? », *Paris Match*, https://www.parismatch.com/Actu/Societe/Que-sont-devenus-les-enfants-de-Garches-Raymond-Poincare-AP-HP-Nicole-Delepine-cancer-de-l-enfant-599142
« Le service de Nicole Delépine avait des moyens et des compétences uniques en France. On a transféré un centre de référence sur un centre de proximité, qui n'est pas adapté pour assurer la continuité des soins. Certains parents jonglent aujourd'hui avec deux hôpitaux : l'un dédié aux chimios et l'autre aux intercures. La prise en charge des enfants entre deux cures (alors que leurs défenses immunitaires sont au plus bas) semble aussi poser un problème à Ambroise-Paré : personnel non formé à certaines manipulations, air non filtré dans les chambres, manque de personnel, repos difficile au sein d'un service de pédiatrie... »
Voir aussi le film de J.-Y. Bilien, *Cancer... business mortel,* sur cette unité.

et dont le recours fut finalement accepté. Mais le parcours du combattant face aux décisions des grands manitous, dits médecins, l'avait usé. Il ne s'en remit pas, pas plus que sa famille…

Actuellement, le monopole de soins en cancérologie est imposé par décision administrative qui interdit à certains chirurgiens de qualité internationale d'opérer des patients atteints de tumeur maligne, pour réserver ces opérations à des centres choisis par les ARS. Ainsi les malades sont-ils privés de compétences pointues… Est-ce acceptable ?

L'année dernière, nous avons dû adresser un enfant en Espagne pour lui éviter l'amputation, proposée en France comme la seule solution possible. Et actuellement, nous devons trouver un chirurgien à l'étranger pour pratiquer l'ablation d'une tumeur thoraco-abdominale qui pouvait parfaitement être opérée en France, avant que l'ARS n'interdise à des chirurgiens français compétents de traiter certains cancers. Pendant trente ans, nous avons accueilli en France des malades venus de nombreux pays pour leur offrir des traitements qu'ils ne pouvaient pas obtenir dans leur pays d'origine. Aujourd'hui, les malades français doivent aller à l'étranger pour bénéficier des traitements auxquels la dictature des ARS les empêche d'accéder !

Comme le dit Hervé Lozac'h : « *Le problème n'est pas seulement médical et/ou pénal, mais bien philosophique et humaniste.* » Il est, de fait, celui de retrouver la liberté de penser, de soigner, d'éduquer, d'enseigner[1,2], de rêver, d'exister… Bref de retrouver, reconstruire

1. Pensons aux enseignants qui voient jour après jour leur métier dénaturé, au point que les concours pour enseigner n'attirent plus de candidats… Karen Brandin, Profs, médecins : deux métiers sous influence, Reaction19, https://reaction19.fr/droit-de-pensee/art-denseigner/karen-brandin/profs-medecins-deux-metiers-sous-influence-karen-brandin/.
2. https://nouveau-monde.ca/enseignement-de-la-grande-vadrouille-a-la-grande-deprime/.

une société libre, adulte, mature, ne demandant pas à chaque pas à l'administration ce qui est ou non autorisé.

Ne plus être considérés comme des objets ou des esclaves, mais comme des citoyens adultes libres de leurs choix. Et comment ne pas évoquer ici l'indicible situation de soignants, médecins, infirmiers, aides-soignants mais aussi administratifs des services de soin, pompiers, qui ont été suspendus pendant plus de dix-huit mois pour avoir eu l'honnêteté et le courage de refuser ouvertement l'injection expérimentale d'un produit ARNm, tant pour se protéger, que pour informer les citoyens par leur attitude, et qui ont été traités de manière inhumaine à cause de leur refus d'obéir au bon plaisir du roi.

Et le pouvoir n'a pas hésité à violer toutes les lois, celle consacrant le consentement libre et éclairé mais aussi le droit du travail, en les privant de toute compensation par l'accès au chômage, au RSA, etc. L'ensemble des scientifiques internationaux ont reconnu l'absence de légitimité médicale de ces « punitions », « humiliations » doublées de mépris et de diffamations, de calomnies… Tous les pays du monde sauf le nôtre et la Hongrie ont renoncé à cette discrimination scientifiquement infondée, scandaleuse et inhumaine. Alors participons à toutes les manifestations, pétitions, etc., pour obtenir la possibilité de réintégration (s'ils le souhaitent encore) et les compensations financières ainsi qu'une reconnaissance de leur courage, de leur détermination et des excuses pour les décisions infâmes qu'ils ont subies, qui ont poussé certains à la rue, voire au suicide. Ne les oublions pas[1,2,3] !

---

1. Le film *Suspendus… Des soignants entre deux mondes*, soignants-suspendus.fr.
2. « Triste anniversaire. N'oublions pas les soignants et pompiers suspendus », *Nouveau Monde*, https://nouveau-monde.ca/triste-anniversaire-noublions-pas-les-soignants-et-pompiers-suspendus/#sdfootnote5anc.
3. Dr Gérard Delépine, « Aux États-Unis, la Cour suprême ordonne la réintégration des soignants : la victoire judiciaire de Perronne mènera-t-elle au

Le pseudo-vaccin ne protège ni du Covid-19, ni de la transmission aux contacts, ni des formes graves, contrairement au dernier mensonge des covidistes pour tenter de sauver leur attitude. En revanche, il est suivi par de multiples complications dont certaines graves et parfois mortelles. Souvenons-nous de la longue liste des sportifs de haut niveau morts sur le terrain, de problèmes cardiaques survenus plus rapidement que dans la population générale en raison des efforts extrêmes auxquels ils sont soumis. Malheureusement, la surmortalité (par coïncidence, ou inexpliquée) qui se confirme dans le monde fait craindre une multiplication de ces effets secondaires niés jusqu'à aujourd'hui par nos dirigeants qui prêchent encore en faveur de l'injection des enfants et des femmes enceintes. « *Nous savons, ils savent, et ils savent que nous savons qu'ils mentent*[1]. » Que cherchent-ils ?

Maître Brusa souligne à juste titre que notre civilisation perd ses repères… La médecine se meurt à la suite des infâmes lois de 1984, des plans cancer, des lois Bachelot, Touraine et des innombrables décrets récents.

Contre la descente aux enfers, Carlo nous invite à nous battre et avec les armes qui sont les siennes, le droit.

Et pour nous médecins, il faut revenir aux fondamentaux, apprendre notre métier, continuer à progresser, à transmettre, et refuser totalement que des administratifs (même parfois dotés d'un diplôme de docteur en médecine) nous imposent sans voir

---

même scénario en France ? », *France-Soir*, https://www.francesoir.fr/tribunes/decision-chambre-disciplinaire-perronne-consequences-soignants-suspendus.

1. Pour paraphraser le grand écrivain Alexandre Soljenitsyne : « Nous savons qu'ils mentent. Ils savent qu'ils mentent. Ils savent que nous savons qu'ils mentent. Nous savons qu'ils savent que nous savons qu'ils mentent. Et, pourtant, ils persistent à mentir. »

les malades (!), nos schémas de traitement, nos autorisations d'opérer, les durées d'hospitalisation des patients ou le nombre de couches autorisé pour les vieillards, etc. La médecine ne peut s'exercer que librement, armée de sa liberté d'expression[1,2,3,4]. Les juristes peuvent nous aider à faire respecter cet impératif pour garantir les meilleurs soins possible.

Ensemble, reconstruisons une société humaine dans tous les domaines de la vie. Merci à maître Carlo Brusa et aux quelques autres juristes découverts depuis les années 2000, et singulièrement dans ces trois dernières années (hélas trop peu nombreux), d'être à nos côtés pour sauver notre démocratie et avec elle, nos professions médicales, et donc nos patients.

---

1. Dr Gérard Delépine, « Délit de blasphème médical sous contrôle inquisiteur du Conseil de l'Ordre des médecins ? », *France-Soir*, https://www.francesoir.fr/opinions-tribunes/delit-de-blaspheme-medical-sous-controle-inquisiteur-du-conseil-de-lordre-des.
2. « Les Pr Perronne, Pr. Trouillas et médecins attaquent le décret limitant la liberté d'expression des médecins », *France-Soir*, https://www.francesoir.fr/societe-sante/les-pr-perronne-pr-trouillas-et-medecins-attaquent-le-decret-limitant-la-liberte.
3. « Liberté de prescrire, liberté d'expression des médecins : déontologie et droit, avec Me Krikorian, le Dr Delépine et le Dr Sroussi », *France-Soir*, https://edition.francesoir.fr/videos-les-debriefings/liberte-de-prescrire-liberte-dexpression-des-medecins-deontologie-et-droit.
4. [VIDÉO] « Débriefing Me Ludot : Dr Delepine, son référé sur la liberté d'expression des médecins », France-Soir, https://edition.francesoir.fr/opinions-cntretiens-videos-les-debriefings/video-debriefing-me-ludot-dr-delepine-son-refere-sur-la.

> « Je n'ai pas la force, tout petit individu que je suis, de m'opposer à l'énorme machine totalitaire du mensonge, mais je peux au moins faire en sorte de ne pas être un point de passage du mensonge. »
> Alexandre Soljenitsyne

Nicole Delépine
Pédiatre, cancérologue, ancienne chef de service
de cancérologie pédiatrique à l'hôpital R. Poincaré Garches
APHP France
Site : www.docteur.nicoledelepine.fr et site ametist.org
pour la défense des enfants atteints de cancer
https://t.me/DrDelepine sur Telegram.

Avant-propos du Dr Martine Wonner

Il est des rencontres inoubliables et, ce jour de janvier 2021, j'allais croiser le chemin d'un homme extraordinaire.

Le moment est surréaliste ; partout en France, la pandémie a déjà laissé des traces dans les corps et les esprits, souffrance pour les uns, sensation d'immortalité pour d'autres. La bataille fait rage dans le monde médical entre ceux qui se lèvent chaque matin pour soigner coûte que coûte et ceux qui hantent les plateaux télé pour asséner avec un aplomb délirant qu'il n'y a aucun traitement et qu'aucune vie ne mérite de tenter le tout pour le tout dans l'attente d'une hypothétique et prometteuse injection.

La succession de lois liberticides a commencé son Œuvre comme une évidence normative, les privations de libertés prennent le pas sur le soin et la science.

L'action « Sport sur ordonnance », à l'initiative du collectif « Laissons les médecins prescrire », commence à réunir partout en France des citoyens avides de bien-être et de lien social ; la tristesse est présente dans les regards, les comportements échappent au bon sens, les « collabos » se mettent en ordre de marche.

Et l'Assemblée nationale, devenue le théâtre dramatique d'un grand cirque non démocratique, voit disparaître les débats contradictoires sous prétexte d'état d'urgence sanitaire : dorénavant n'ont droit de cité que mensonges, insultes, menaces et dénigrements en tous genres.

Les coups pleuvent mais je reste debout dans cette arène, quoi qu'il m'en coûte, pour tenter d'éveiller les consciences, m'appuyant sur le serment d'Hippocrate et les indicateurs factuels habituellement utilisés en santé publique (ceux transmis notamment par les médecins sentinelles) afin de freiner la folie légistique éperdue et aveugle de mes collègues parlementaires.

J'essaie de comprendre les arcanes juridiques qui permettent de telles dérives, je m'interroge sur le respect de notre Constitution, sur la séparation des pouvoirs, je me faufile par la porte étroite du Conseil constitutionnel pour ne rien céder, je doute, je ploie, je me relève, je ne lâche rien.

Je cherche des appuis, je veux comprendre les subtilités de ce dysfonctionnement des institutions qui m'échappent.

Par instinct, j'éloigne de mon chemin quelques curieux personnages peu recommandables et je repère les phares bravant la tempête.

Parmi eux maître Carlo Brusa, mélange de Teddy Bear et de Theo Kojak; j'ai tout de suite apprécié cet homme sorti très tôt de sa zone de confort, prenant de façon audacieuse le micro en manifestations pour défendre sans relâche le droit et les libertés qu'il a, comme moi, chevillées au corps.

Il avait eu cette idée, avec son épouse, de créer « Reaction19 » pour venir en aide au peuple fragilisé, bafoué, maltraité, et à chaque coup de boutoir du gouvernement, il était présent avec une vivacité et une énergie défiant tout monarque!

La confiance s'est naturellement installée et souvent nous avons échangé et œuvré de concert, lui m'éclairant sur le plan juridique et moi argumentant sur le plan sanitaire; ensemble, nous avons même dansé sous la pluie…

Depuis trois ans, combien ont pu se déplacer sans passe vaccinal, combien ont pu contester leurs amendes, combien ont pu ouvrir les yeux sur les contenus des vaccins, combien ont pu approcher la compréhension de certains points du droit ou le fonctionnement des institutions?!

Ce livre illustre une toute petite partie de son travail mené sans relâche sur le terrain en tant que président de l'association ; vous connaissez tous sa pugnacité, sa joie de vivre, son génie, sa verve, ses coups de gueule, sa fierté, son humour, sa grandeur d'âme, ses émotions, son amour du droit et son expertise.

Je vous invite à savourer ce livre, vous y découvrirez et apprendrez encore tant de choses.

Soyez confiants, la vérité arrive… Merci Carlo.

Martine Wonner
Psychiatre et psychothérapeute
Ancienne députée

Introduction d'Hervé Lozac'h

L'objet de ce livre n'est pas de revenir dans le détail sur l'épisode Covid, sa consternante gestion et son cortège sans fin de mesures toutes plus absurdes et incohérentes les unes que les autres. Nous en avons tous soupé jusqu'à la nausée, et nul ne souhaiterait, à ce stade, la moindre dose de rappel.

Le seul rappel, ici, sera celui du droit, l'esprit du droit, fondamental et inaliénable, dire haut et fort comment il a été – et sera toujours – à la portée de chacun, l'arme la plus sûre et ultimement pacifique pour soutenir, au jour le jour, chacun de nos combats contre le totalitarisme.

Au-delà, le propos est de partager une réflexion sur l'évolution de notre monde du fait de la survenue de la Covid, avec ce qu'elle a pu révéler, comme avec ce qu'elle pourrait présager. Comment ne pas voir – dans notre pays, comme sur une bonne partie de la planète – s'installer cette logique mortifère d'une société toujours plus contrôlante et toujours plus répressive, s'inscrivant peu à peu dans le modèle chinois, avec pour finalité l'asservissement du peuple au profit d'une élite mondiale ? Est-ce cela que nous voulons pour l'avenir de nos enfants et de l'humanité ? N'avons-nous pas d'autres rêves ? Qu'avons-nous fait de notre lucidité, de notre discernement, de notre liberté de penser ? Quelles options avons-nous encore ?

C'est à ces questions que se propose de répondre maître Carlo Alberto Brusa, se plaçant tant d'un point de vue pénal que scientifique, philosophique et humaniste.

Aux inconditionnels de la pensée officielle, qui, par curiosité ou par accident, se trouveraient avec ce livre entre les mains, nous leur prions instamment de bien vouloir poursuivre cette lecture tant ce dont ils auront à prendre connaissance leur dira des enjeux fondamentaux que nous vivons.

À l'heure d'Internet et de la possibilité d'un libre accès à une multitude de données parfaitement factuelles et vérifiables, le déni et l'ignorance sont un choix, un choix totalement incompréhensible pour toute une autre partie de la population, tant il y va, de façon cruciale, de notre avenir à tous.

Ne pas savoir est dangereux, ne pas vouloir savoir est complice.

Que seraient une opinion, une science, un savoir, une conscience sans le questionnement, la remise en cause et le doute ? Ainsi que l'écrivait Aldous Huxley, « la philosophie nous enseigne à douter de ce qui nous paraît évident ; et la propagande, au contraire, nous enseigne à accepter pour évident ce dont il serait raisonnable de douter ».

Alors nous vous invitons à douter avec nous, fortement. Il se pourrait que vous apparaissent quelques vérités autrement éclairantes.

Quant à ceux qui n'ont jamais été dupes de ce qu'il se trame, à ceux encore qui nous rallieront, nous les exhortons à ne rien lâcher, à ne rien abandonner. Gardez espoir, vraiment. Les rangs s'étoffent. Nous sommes chaque jour plus nombreux, chaque jour plus organisés.

Surtout, ne doutez jamais du fait qu'une minorité de citoyens réfractaires et lucides puisse changer le monde. En vérité, il en a toujours été ainsi.

En mon nom propre, comme au nom de tous ceux à qui il a apporté un soutien déterminant par son action au sein de Reaction19, je veux exprimer ici toute ma gratitude à maître Brusa, et le remercier pour l'honneur et le privilège d'avoir pu l'accompagner dans cet ouvrage.

Hervé Lozac'h

MAÎTRE CARLO ALBERTO BRUSA

La première fois que j'ai rencontré maître Brusa, c'était un jour de printemps, près de la fontaine Stravinsky à Paris. En vue de la réunion qu'il s'apprêtait à animer, il s'affairait à monter un petit barnum en toile, tout en se débattant avec l'un des pieds récalcitrant. J'avais vu nombre de ses interventions sur les réseaux, et j'étais resté assez impressionné par l'énergie et le charisme qui se dégageaient de lui, par sa force d'empathie, sa liberté de ton, son humour, l'extrême pertinence de ses propos, doublée d'un talent sans pareil à rendre simple et compréhensible au non-initié sa passion de toute une vie : le droit. C'est donc un peu dans mes petits souliers que je m'approchai de lui :

– Bonjour, maître. Je suis ravi de vous rencontrer, et je veux vous remercier pour tout ce que vous faites. Sachez que si je peux aider, je…

– Tiens, attrape le Scotch, coupa-t-il tout de go, avec un grand sourire jovial.

C'est comme ça, avec maître Brusa : franc, direct, d'une simplicité et d'une bonhomie déconcertantes. Pas de fioriture, chez cet homme qui, entre autres, a défendu en son temps de nombreuses sommités du football. On ne vient pas à lui pour prendre le thé. Non seulement il n'a pas le temps, mais surtout, bien que poli, il est peu enclin aux bonnes convenances. Plus encore, il y a chez lui comme un goût amusé à les défaire de leurs fatras de faux-semblants. Peu dupe de la nature humaine, il débusque et déteste le mensonge jusque dans ses moindres détails. D'ailleurs, n'en a-t-il pas fait un métier ?

Éminemment chaleureux, tout en spontanéité, il vous tutoie au premier abord, vous embrasse volontiers comme du bon pain. Eh oui, « Brusa », c'est italien !

Plutôt rond, le crâne dégarni, débordant de gentillesse, la parole résolument sage, et l'œil rieur, mais aussi bâti comme un catcheur, insatiable bourreau de travail, dévorant ardemment la vie, pugnace, impétueux, voire colérique à ses heures, c'est un être rare et hors norme, un entre-deux sans demi-mesure, mi-Bouddha mi-Zorba !

Mais, par-dessus tout, maître Brusa est un homme de cœur, profondément.

Pas seulement le cœur à l'ouvrage. Il a aussi le cœur pudique de ceux qui ont connu l'épreuve et en sont devenus plus forts ; celui de ceux qu'une enfance n'aura pas épargnés et qui savent reconnaître en l'autre les traces laissées ; de ceux qui ont combattu sans relâche là où tant d'autres auraient baissé les bras ; de ceux à qui on aura si souvent dit de se taire et qui, aujourd'hui, prennent la parole – une parole pour tous ceux que l'on voudrait priver du droit de cité.

REACTION19

la bataille du droit

Dès le premier jour où je rejoignis le groupe de bénévoles de Reaction19, j'eus la joie et le réconfort immenses de retrouver une famille, une famille de demi-ahuris, comme moi, groggy, abasourdis sous les coups de matraque de chaque mesure gouvernementale où l'absurde rivalisait avec la violence, ne nous laissant d'autres choix que l'ulcère, le monastère ou la lutte.

Demi-ahuris peut-être, mais, dans ce mélange de consternation et de révolte, des femmes et des hommes debout, l'indignation au ventre, et la liberté au cœur.

Nous étions – et nous sommes – des venus de nulle part et de partout à la fois, d'horizons multiples, chacun avec son métier, sa famille, ses enfants, ses aléas de la vie, mais tous déterminés « quoi qu'il en coûte » à dégager l'énergie et le temps qu'il faudra, pourvu que dans notre pays soient bannies l'imposture et la tyrannie.

Créée en avril 2020 à l'initiative de Me Carlo Alberto Brusa (président), M. Riccardo Mereu (coprésident) et Me Hélène Plumet (trésorière), Reaction19 est une association loi 1901, libre et autonome, dont l'objet est de se battre dans le domaine du droit contre toute mesure qui, dans le cadre de la pandémie de la Covid-19, porte atteinte aux libertés et aux droits de l'homme – en France, en Europe et dans le monde. À la date de parution de cet ouvrage, l'association compte près de 60 000 adhérents. Elle est constituée d'une équipe de bénévoles, de prestataires, de juristes et d'avocats, conduite par maître Brusa, affairée au quotidien à analyser chaque missive gouvernementale, puis à étudier et formuler la plus pertinente parade juridique – qu'elle prenne la forme d'une plainte ou d'une mise en demeure, d'une note juridique ou d'un modèle de lettre à l'attention des adhérents. Ce sont 16 collectifs en région, sur tout le territoire français, ainsi qu'un collectif en Italie. Ce sont, en trois ans, 800 documents, notes juridiques et flyers[1]. Ce sont, jusqu'à deux fois par semaine, plus de 500 interventions de maître Brusa produites et diffusées sur le site www.reaction19.fr et sur les réseaux sociaux, avec 35 millions de vues à ce jour. C'est, enfin, l'organisation de réunions et de prises de parole, aux quatre coins de l'Hexagone comme à l'étranger, animées par maître Brusa. L'adhésion à Reaction19 est fixée à 10 euros par an, et donne accès à tous les documents, informations juridiques et lettres type.

HERVÉ LOZAC'H : *Maître Brusa, jusqu'en 2020, vous avez beaucoup œuvré dans le domaine du football. Vous défendiez alors les intérêts des plus grands : Zidane, Deschamps, Ribéry. Survient la Covid, et à ce moment-là, sauf erreur, la santé n'est pas forcément votre domaine de prédilection. Pourtant, vous décidez de franchir le pas et, en 2020, vous créez Reaction19. Aujourd'hui, et sans louange aucune, vous êtes devenu une référence dans le domaine du droit lié à la défense du citoyen face à la gestion de la Covid. Comment parvient-on à opérer une telle reconversion, et quelles ont été vos motivations ?*

CARLO ALBERTO BRUSA : Cela n'a pas été exactement une reconversion. J'ai toujours pris des dossiers de toute nature, y compris dans le domaine médical. C'est comme cela, par exemple, que j'ai été amené à plaider, en 2013, lors de l'affaire des irradiés d'Épinal, avec 5 000 personnes qui avaient reçu des surdoses de radiations

1. https://reaction19.fr/category/adherent/flyers-reaction19/.

lors de séances de radiothérapie[1]. En vérité, la médecine m'a toujours beaucoup intéressé, au point même qu'à une période de mon adolescence, j'ai songé à faire médecine. Donc la médecine n'a jamais été quelque chose d'étranger pour moi.

Concernant mes motivations à créer Reaction19, elles sont multiples. Il y a, cependant, un élément qui a été déterminant, déclencheur dans ce choix : le confinement. Le confinement, je ne l'ai pas supporté, j'ai étouffé.

En fait, le confinement est venu faire écho, de façon très brutale, à toute une période de mon existence, toute une partie de ma vie extrêmement difficile à vivre. Chez les personnes qui font le choix de se dresser face aux abus du pouvoir et des tyrans, chez les dissidents et les résistants, j'ai relevé que beaucoup ont déjà connu des abus par le passé. Les personnes qui ont rejoint Reaction19 ont souvent beaucoup souffert, ont vécu des violences importantes, ont connu des menaces – même des menaces de mort –, dont la vie a été mise en danger, et qui, de ce fait, sont amenées à ne plus pouvoir supporter la moindre forme de maltraitance. C'est mon cas. Comme vous le savez, je suis italien. Je suis né en Italie dans une petite bourgade du Nord, où j'ai grandi. Je viens d'une famille de milieu plutôt modeste. Mon père était maçon et ouvrier à l'usine, et ma mère s'occupait de nous à la maison – mes deux frères, ma sœur et moi. Seulement, mon père était alcoolique. Et, quand il était saoul, c'est-à-dire assez souvent, il nous frappait, moi, ma mère, toute la famille. Tout le monde y passait. Il était extrêmement violent. Moi, il me cognait, et il m'enfermait dans une cave, pendant des heures et des heures, seul dans le noir. J'avais 6 ans, 7 ans. Il me punissait comme ça pour un oui, pour un non ; en fait, pour rien. J'étais très bon à l'école, je me tenais bien ; mais, non, il fallait qu'il me punisse. Cette cave, ça a été horrible.

---

1. https://atlantico.fr/article/decryptage/sur-irradies-d-epinal-l-un-des-plus-grands-scandales-de-sante-publique-rejuge-en-appel-gilles-gaetner.

Des heures et des heures, enfermé dans une cave. Ça, les gens ne peuvent pas l'imaginer. J'ai vécu terrorisé. C'était tellement insensé, tellement violent ! Mon père, c'était un fou furieux. Avec ce qu'il nous faisait subir, il aurait dû faire de la prison.

Peut-être que cela pourra paraître impudique d'en parler comme cela de but en blanc, mais c'est ma vérité profonde. Si je veux être sincère, je ne peux pas cacher qu'il s'agit d'une part totalement déterminante de ma vie, et qui m'a construit. Mon père est quelqu'un qui a complètement conditionné ma vie. Soit je devenais un délinquant avec une mitraillette, soit je prenais tout cela, je le dépassais et j'en faisais quelque chose qui a produit ce que je suis aujourd'hui. Au fond, mon père a fait de moi un anarchiste, mais un anarchiste au sens où l'entendait Proudhon : à la fois un révolté de tous les pouvoirs et de toutes les dictatures, mais aussi un épris absolu du droit et de la liberté[1]. Mon père a nourri en moi, à rebours de sa violence, cette soif absolue de liberté. C'est pour cela que, quand sont arrivés le confinement et toutes ces lois liberticides, au fond je n'ai même pas réfléchi. Créer cette association s'est imposé. C'était une évidence.

Mais ce fut aussi une évidence parce que ça répondait en moi à une aspiration profonde. Quand j'avais 10 ans, je suis rentré en internat au séminaire chez les franciscains, pas pour devenir curé, mais parce que je saisissais là une chance de m'éloigner de mon père. Au séminaire, il y avait une grande bibliothèque qui datait de 1690, une bibliothèque merveilleuse. J'y ai passé des heures. Il y avait notamment un livre qui s'intitulait *Personaggi celebri*

---

1. Pierre-Joseph Proudhon (1809-1865) est le premier anarchiste, entendant l'anarchie au sens de : « la liberté est anarchie, parce qu'elle n'admet pas le gouvernement de la volonté, mais seulement l'autorité de la loi, c'est-à-dire de la nécessité. » https://www2.assemblee-nationale.fr/decouvrir-l-assemblee/histoire/grands-discours-parlementaires/pierre-joseph-proudhon-31-juillet-1848.

(« Personnages célèbres »). C'étaient des portraits qui résumaient un peu la vie de Gandhi, saint François d'Assise, Martin Luther King, Malcolm X et d'autres encore. C'est un livre que j'ai tellement lu et relu qu'il avait fini par s'effriter en lambeaux. Ce livre m'a beaucoup impressionné et inspiré. Ces personnages me parlaient, dans leur souffrance, leur endurance, leur combat. Je les sentais proches de moi. Ils m'impressionnaient tous, mais il y en avait deux en particulier que j'admirais par-dessus tout.

Le premier, c'est saint François d'Assise. François d'Assise a été canonisé comme l'un des plus grands saints de l'histoire de l'Église, tout simplement parce qu'à une époque où il y avait une épidémie autrement plus ravageuse que la Covid et qui s'appelait « la lèpre », François d'Assise est allé à la rencontre des lépreux. C'était un acte de pur amour, et un acte sacrificiel dans le sens où il était plus important pour lui de témoigner de cet amour que de se préserver en risquant d'être contaminé. En internat, chez les franciscains, j'ai vécu cette idée de mission franciscaine, cette idée de dépouillement de soi au service des autres. Alors, quand sont arrivés le confinement et toutes ces lois liberticides, je me suis dit que c'était le moment, le moment d'aller vers les autres, de me mettre au service d'autrui, au service du droit. Et c'est comme cela qu'est née l'association, très spontanément.

Le second personnage qui a été d'une très grande inspiration dans ma vie, c'est Gandhi. Gandhi, c'est la révolution dans la paix, c'est la révolution par l'intelligence. Il était lui-même avocat, il aurait pu vivre sa vie d'une façon bourgeoise, assez commodément. Mais, non, ça ne lui a pas suffi. Il a opté pour la mission. En prêchant, en invitant le peuple indien à devenir maître de sa vie, il est parvenu à faire plier le plus grand empire économique de l'époque : la Grande-Bretagne. Gandhi, c'est l'exemple. À son image, avec l'intelligence, la culture, l'instruction, le droit, nous pouvons nous réveiller et arrêter d'être assommés, assommés par la bêtise et l'arrogance de ceux qui détiennent le pouvoir et l'appliquent comme une espèce de vengeance quotidienne contre le peuple.

H. L.: *En quelques mots, pourriez-vous nous parler de la suite de votre parcours ?*
C. A. B.: La suite de mon parcours, elle est encore et toujours marquée par mon père.

Mon père m'a obligé à me dépasser, à devenir endurant, résistant, combatif; sinon, je mourais. Et cette rage de vivre, cette pugnacité qui a été une pugnacité de survie, une pugnacité de lutte, elle ne va pas me quitter, dans la vie comme dans mon métier d'avocat. C'est comme ça que, lorsque j'ai 15 ans et que mon père décède, je quitte le séminaire et je rentre à l'usine pour subvenir aux besoins de ma famille, tout en continuant mes études en cours du soir.
À 16 ans, je m'occupe d'enfants handicapés; plus tard, je fais barman, disc-jockey ou encore ouvrier dans une fabrique de casseroles.
Et puis, à 23 ans, je sens que j'ai des envies d'ailleurs, d'autre chose. Je ne me sens pas très bien non plus dans cette Italie de l'époque. L'ambiance y est effrayante. Aldo Moro, des attentats quasiment tous les jours. Alors je décide de partir, de quitter l'Italie, et, le 7 avril 1984, j'arrive en France, à Paris, pour la première fois. Il est 7 h 15 du matin, je descends du train à la gare de Lyon. En bout de quai, je m'assieds sur ma valise. J'ai l'équivalent de 200 euros en poche. Je ne connais personne, je ne sais pas où aller, je ne sais pas où je vais dormir, ce que je vais faire, où je vais vivre. Je sais que je suis à Paris, et je me sens libre. J'ai une grande page blanche devant moi, tout est possible. Assez vite, je vais trouver un travail de serveur, le soir. Et ça va être comme cela pendant des années: le soir, je serai serveur pendant une bonne partie de la nuit; et le jour, j'étudierai le droit.

H. L.: *Avant presque chacune de vos prises de parole dans les directs du Web TV, on a le droit de vous écouter chanter* Bella ciao. *C'est une petite marque de fabrique où, résolument, le ton est donné: Reaction19* *est une association de résistance aux lois liberticides, et pour le respect du droit et de la dignité humaine.*

Au-delà de ce petit rituel, quels sont les intentions et l'esprit de Reaction19 ?

C. A. B. : À travers ma démarche et celle de Reaction19, nous nous battons pour que la liberté soit le principe et que les citoyens de la République ne soient pas traités comme des délinquants, ni que le territoire français devienne une grande prison à ciel ouvert.

Nous considérons que nous ne sommes pas dans une royauté, où le roi décide et les sujets se plient. Nous sommes dans un État de droit et, à Reaction19, nous nous battons pour que cet État de droit soit respecté.

Nous luttons pour que l'homme ne devienne pas un *objet de droit*, manipulable et corvéable à merci, mais qu'il demeure un *sujet de droit*, dans le maintien de la dignité humaine que cela induit. Quand tu restes sujet, tu as des droits. Quand tu deviens objet, tu as des devoirs. Un objet est au service de quelqu'un.

Reaction19 n'est pas un cabinet d'avocats. Nous ne faisons pas de consultations. Par contre, nous donnons énormément d'informations juridiques.

En dehors des plaintes et des mises en demeure que nous sommes menés à conduire, l'association a surtout pour but d'informer ses membres de leurs droits et recours, de les encourager à prendre l'initiative de se défendre par eux-mêmes, et de faire valoir leurs droits en toute connaissance de cause. Par le passé, j'ai été amené à enseigner le droit, à l'université, à des gens qui ne le connaissaient pas. Avec Reaction19, je me suis donc donné pour mission d'expliquer le droit, non pas à des juristes mais à des gens qui ne connaissent pas le droit ; et je pense qu'aujourd'hui si je suis écouté, c'est que je m'attelle à parler à des gens qui ne sont pas juristes.

Un autre point tout à fait fondamental est qu'au sein de Reaction19 je ne suis pas du tout dans la fonction du métier d'avocat. Avocat, c'est une profession où l'on attend que quelqu'un vienne frapper à votre porte, vous confie un dossier, et à qui vous facturez des honoraires. Moi, je suis celui à qui on n'a rien demandé, mais qui a pris l'initiative d'informer, l'initiative de dire à qui voulait l'entendre : « Attention, le 16 mars 2020, avec Macron décrétant le confinement à coup de "nous sommes en guerre[1]", il y a eu un coup d'État, et nous sommes passés en "dictature". » Nous n'avons fait aucune publicité, aucune campagne d'adhésion ; l'association est essentiellement fondée sur le bénévolat, et je ne perçois aucune rémunération. Les gens ont adhéré parce que, en quelque sorte, je suis allé frapper au cœur de chacun, et que je continue à le faire. Et ça, c'est une grande différence.

Une autre chose importante est que nous ne sommes aucunement subventionnés. Parce qu'une association change de nature et perd sa liberté quand elle se fait subventionner par l'État. Celles et ceux qui, aujourd'hui, peuvent agir en totale liberté, ce sont les associations qui n'ont pas touché un euro de la part d'une mairie, d'un département, d'une région ou de l'État.

Reaction19 n'est pas non plus une association « antivax », mais une association qui se bat pour la liberté et le respect du choix, sans discrimination. Ici, tout le monde est bienvenu ; vaccinés ou non, cela ne fait aucune différence. Les personnes qui ont été obligées de se faire vacciner sous la contrainte sont toujours plus nombreuses à nous rejoindre. Il s'agit de comprendre que ces personnes-là ne se sont pas fait piquer de gaieté de cœur. Elles y sont allées parce qu'il y avait

1. Expression utilisée à six reprises par le président Macron lors d'une allocution solennelle le 16 mars 2020.
https://www.elysee.fr/emmanuel-macron/2020/03/16/adresse-aux-francais-covid19.

la contrainte, la contrainte du chantage, l'extorsion du consentement ; et, quand on arrive à l'extorsion du consentement, c'est quelque chose de terrible pour l'être humain, ce n'est plus la dignité.

Nous ne sommes pas davantage des négationnistes. Nous ne nions pas l'existence du virus. Qu'il ait été créé volontairement ou non n'est pas notre sujet. Nous disons simplement que cette pandémie n'a pas été de nature à justifier autant de lois liberticides ; pas de nature à justifier le confinement, à interdire aux gens de voyager, de travailler, de respirer ; pas de nature à empêcher les gens de vivre.

Reaction19 n'est pas seulement une association de juristes. C'est une association qui parle du droit, pour ensuite parler d'amour, parler de vie et d'échange. Il n'y a que dans l'échange et le questionnement que vous allez toujours plus loin ; sinon, vous êtes dans l'affirmation dogmatique qui empêchera toutes formes d'échange. À Reaction19, nous ne voulons pas créer de doxa contraire à la doxa officielle. Nous devons rester dans l'échange, dans l'opposition dialectique ; et c'est dans cette ouverture à un débat contradictoire que nous ferons avancer les choses.

Ce qui m'intéresse, c'est vraiment de répondre à l'aspect concret. C'est-à-dire que le droit a été un outil, un outil libérateur. Après, il y a la force que chacun a de se battre ; et, au fond, sortir de la caverne[1], ce n'est pas quelqu'un qui te tend une corde et qui t'accroche et te sort. La sortie de la caverne, c'est toi qui la fais, parce que quelqu'un a mis la lumière, et t'a donné envie de sortir. En réalité, c'est cela, le travail que je tente de faire comprendre. Je n'ai pas créé Reaction19 pour gagner des procès, pas du tout. Certes, je peux y parvenir, mais ce sont surtout des armes politiques, parce que, de toute façon, je connais très bien

1. En référence à l'allégorie de la caverne exposée par Platon, philosophe de l'Antiquité, dans *La République*.

le délai de la justice ; et je n'attends pas les décisions. Donc il a fallu utiliser les actions comme une arme politique. Le droit est devenu un droit politique. Au lieu de faire de la politique dans l'arène politique, nous faisons le droit dans l'arène politique, en utilisant le droit comme une arme politique.

H. L. : *Qu'est-ce que le droit, pour vous ? Que représente-t-il ?*
C. A. B. : Pour moi, le droit, ce n'est pas simplement obtenir une décision de justice. Le droit, avant tout, c'est avoir les arguments qui vont convaincre ton interlocuteur, qui vont amener ton interlocuteur à reconnaître la justesse de ta position et de ton analyse. Quand, avec Reaction19, on a créé une attestation qui a été téléchargée près d'un million de fois et qui a été utilisée de sorte que les gens ont pu rentrer dans les restaurants, dans les Ehpad, dans tous les lieux avec cette attestation – une attestation qui prouve que l'on a fait un autotest et qu'on n'a pas besoin d'avoir un QR code. Eh bien c'est cela, la beauté du droit, la victoire du droit : arriver à convaincre ! Et c'est magnifique d'arriver à le faire auprès d'un directeur de restaurant, d'un directeur d'Ehpad, avec la gendarmerie, la police.

Le droit, je l'ai utilisé comme une barrière pour éviter que la dictature ne nous envahisse comme un tsunami. Et, en même temps, c'est le droit qui demeure l'espoir. Le droit est la seule chose qui a pour finalité de régler la vie en société. Il n'y en a pas d'autres. La religion ne les règle pas. La religion est faite pour régler les rapports avec Dieu, avec l'église, le temple ou la mosquée. Mais le droit, non ! Le droit n'a pas d'odeur, le droit n'a pas de couleur, le droit n'a pas de coloration politique. Le droit est le droit. Au fond, le droit, c'est peut-être la plus grande métaphysique humaine, parce qu'avec le droit tu vas rechercher l'équilibre de l'homme sur terre par rapport à la nature. C'est tout le travail d'Aristote. En réalité, le droit, ce n'est pas un ensemble de règles immanentes écrites, ça va au-delà de la Déclaration des droits de l'homme, au-delà de la Convention européenne des droits de l'homme. Ça, ce sont des sources du droit, parmi les autres. Donc le droit, c'est autre chose. Le droit, c'est la règle harmonieuse. C'est ça, la métaphysique du droit. C'est pour cela que, parfois, on tente de comprendre le droit par le langage, par l'épistémologie, par la logique, etc. Parce que, en réalité, il est indétectable. Et il est indétectable parce qu'il ne peut pas se concrétiser par quelque chose qui est écrit. Parce que, dès lors qu'on écrit quelque chose, qu'on le scelle dans le bronze comme les Chinois l'ont fait à l'époque de Confucius, on n'est plus à la recherche d'une règle immanente, on est dans une règle temporelle, physique. Ça veut dire que, si la règle de droit était que les femmes ne doivent pas prendre le soleil seins nus, cette règle, on n'aurait jamais dû la changer. En 1994, on a abrogé le délit d'outrage public à la pudeur. Les femmes ont pu aller prendre le soleil, seins nus, à la plage. Jusque-là, elles ne pouvaient pas le faire. Si on confondait le droit avec une règle écrite, toutes les règles écrites par le législateur seraient, de droit, indiscutables et immuables ; alors que ce n'est pas du tout le cas. Une règle écrite est antinomique au droit.

Ce qui m'intéresse, c'est la règle qui va être comprise, saisie, de manière harmonieuse par l'humanité ; la règle qui est conforme à l'état de nature, ce qu'Aristote a toujours porté[1]. C'est la même chose que Léonard de Vinci qui voit la feuille tomber et qui constate qu'il y a un état de nature. La feuille tombe et elle tourne

1. « C'est précisément ce qu'affirme la théorie du Droit naturel, formulée d'abord par Aristote. [...] il y a donc des règles qui s'imposent au législateur. Est dit de Droit naturel ce qui est universellement valide, en tout lieu et en tout temps. »
https://www.contrepoints.org/2012/02/24/70528-aristote-pere-du-droit-naturel.

sur elle-même. Alors l'air porte la feuille, parce qu'elle ne tombe pas tout droit, elle tourne. Donc il y a une gravitation. Donc il y a une règle de nature qui est que, s'il y a un élément de gravitation qui passe dans un espace compris dans l'air, cela va entraîner un système. Ce n'est pas Dieu qui l'a décidé, c'est l'état de nature, le rapport entre deux éléments de la nature : une feuille qui tombe de l'arbre et l'air. Et, de ce rapport, Léonard de Vinci va tirer une règle qui va devenir une règle scientifique : le fonctionnement de l'hélice. Ça veut dire quoi ? Ça veut dire que ce qui est conforme à la nature est juste, ce qui est conforme à la nature est quelque chose qui fonctionne. Si tu t'inspires de la feuille en gravitation et que tu l'appliques, ça va fonctionner. Tu peux l'appliquer à une hélice de bateau ou d'hélicoptère, ça va fonctionner. Eh bien, cette règle physique de la feuille, tu peux la rechercher dans le droit. En réalité, toute norme ou toute règle que l'on veut imposer à l'homme et qui n'est pas conforme à la nature, c'est une règle qui n'est pas une règle de droit. Ça devient une règle dictatoriale, totalitariste, mais pas la règle de droit ; parce qu'une règle de droit, c'est une règle qui va régir les rapports humains dans toutes leurs dimensions, mais de manière harmonieuse.

Quand tu m'empêches de manifester, ce n'est plus harmonieux, car tu t'opposes à un droit que j'ai de m'exprimer et de manifester, qui est un droit naturel. Quand Antigone[1] s'oppose à Créon sur le fait qu'il ne veut pas la sépulture de son frère à Athènes parce qu'il a combattu Athènes, elle dit non. Tu as le pouvoir de décider parce que tu as l'autorité, mais ce que tu imposes à ton frère dans la sépulture n'est pas conforme au droit naturel. Ta disposition devient antagoniste. Peu importe que ton frère ait voulu combattre

1. *Antigone* (en grec ancien Ἀντιγόνη) est une tragédie grecque de Sophocle datant de 441 av. J.-C.

Athènes, il est, de droit, naturel qu'une personne bénéficie de sa sépulture dans la terre où elle a pris naissance.

La nature, c'est l'ensemble du corps universel dans lequel nous sommes partie intégrante. À partir du moment où la nature règle, dans son plus petit détail, le fonctionnement universel, l'homme doit agir en harmonie avec la nature. Et, quand tu comprends cela, tu comprends les entorses de l'homme à la nature, tu comprends l'entorse de l'homme sur le plan écologique, sociologique, etc. ; en fait, à tous les niveaux, parce que, là, on n'est plus conforme à la nature.

En réalité, il faudrait se poser cette question chaque fois que le législateur prend une décision : est-ce que c'est conforme au droit naturel ? Est-ce que la gravitation de mon hélice est conforme à ce que la nature m'a fait voir et m'a fait comprendre ?

Si tu n'as pas la capacité de discuter une règle posée de manière temporelle par rapport à un droit naturel, tu permettras le despotisme à tout moment. Et c'est évidemment ce que l'on observe aujourd'hui. Chaque fois que l'homme s'éloigne de la nature des choses, il brise l'harmonie universelle de la nature.

H. L. : *C'est très inspirant, mais malheureusement ça ne semble en rien inspirer nos dirigeants. Le droit comme conforme au droit naturel, c'est à des années-lumière de leurs champs de conscience. C'est même à croire qu'ils se sont juré de faire tout le contraire.*

On est atterré par l'ensemble des violations du droit depuis le début de la crise Covid. Pour exemple, l'article 225-1 du Code pénal[1]*, qui vous protège logiquement de toutes discriminations pour raison*

1. Article 225-1 du Code pénal : « Constitue une discrimination toute distinction opérée entre les personnes physiques sur le fondement [...] de leur état de santé. »
https://www.legifrance.gouv.fr/codes/article_lc/LEGIARTI000045391831.

de santé. Or, non seulement il n'en a rien été, mais encore on a subi tout l'inverse, avec une mise au ban de la société de tout contrevenant. Comment est-il possible qu'on en soit arrivé là, dans un pays qui se targue d'être le pays des droits de l'homme ? Comment, en pratique, concrètement, le droit peut-il être ainsi bafoué ? N'avons-nous pas des instances comme le Conseil constitutionnel ou le Conseil d'État qui, normalement, sont des garde-fous et garantissent le droit, et un droit inaliénable ? En serait-on arrivé à un point où le droit ne peut plus se faire entendre, dans ce pays ?

C. A. B. : Mon cher ami, les procureurs de la République en France ont reçu ordre, de la part du ministère de la Justice, que toutes les actions pénales entreprises qui remettraient en cause des situations relatives à la Covid ne fassent l'objet d'aucune poursuite ! Vous entendez bien ? Aucune poursuite ! Et, à ce jour, aucune action pénale n'a été ouverte en France à quelque niveau que ce soit. Au moment où je parle, des plaintes ont été déposées, et nous-mêmes nous en avons déposé 9, ainsi que 113 mises en demeure ; mais il n'y a aucune décision pénale qui a été rendue en France à ce jour contre un fantassin de la pensée unique ! Combien de fois me suis-je entendu dire, exactement comme vous venez de le faire : « Mais, Carlo, nous avons le Conseil d'État, nous avons le Conseil constitutionnel ; et c'est merveilleux, c'est extraordinaire ! Alors pourquoi ne fait-on pas de procès, d'actions judiciaires ? On va gagner ! » Et, chaque fois, je réponds : « Mais, mes amis, pour avoir la justice, il faut des juges. Et, pour être juge, il faut être impartial. Il faut un arbitre, mais un arbitre qui ne soit pas un élément rapporté de l'équipe adverse. Parce qu'un arbitre comme ça, il va peut-être siffler quelques petites fautes ici ou là, mais jamais il ne sifflera de penalty, jamais ! La justice du sujet de droit qui veut se battre contre un autre sujet de droit qui s'appelle "l'État", cette justice-là n'est pas possible ! Les membres du Conseil d'État, ce sont des fonctionnaires, ce sont des gens qui font partie de la *nomenklatura*. Y a-t-il eu une décision importante de la Cour européenne des droits de l'homme dans le cadre de la pandémie ? Aucune ! Y a-t-il eu une décision du Conseil d'État qui a fait droit à un recours important dans le cadre des décrets pris pendant la pandémie ? Absolument pas. Il y a eu 6 500 saisines[1] devant le Conseil d'État, et 6 498 rejets. »

Cela veut dire tout simplement que, quand il faut aller chercher la justice dans le rôle que l'État joue à l'encontre du citoyen, vous n'avez pas de justice. On a combattu un virus à travers la destruction de quasiment tous les 17 articles de la Déclaration des droits de l'homme. Du jamais vu dans l'Histoire. On a été capables d'utiliser tous les moyens possibles et coercitifs pour mettre fin à toute liberté, au nom d'un autre droit qu'on appelle « la santé ». Au nom d'un droit, on tue tous les droits essentiels de l'être humain – y compris le droit le plus important qui est la liberté d'expression. Un homme, on peut le mettre en prison, un chien aussi. Un homme mange, un chien aussi. Mais ce qui fait la différence entre lui et nous, c'est l'expression, la logique et la parole. Quand vous enlevez cela à un être humain, il devient « rien ». Les recours que nous avons déposés sont, avant tout, des recours pour dénoncer politiquement que le système est gangrené, pour dénoncer publiquement que le système ne fonctionne pas, que la démocratie se meurt, que la démocratie est un leurre. La démocratie du peuple, par le peuple et pour le peuple, elle n'existe pas.

Quand ma consœur Diane Protat transmet un dossier au Conseil d'État dans lequel elle pose clairement cette question : « Faisons-nous partie ou non d'un essai thérapeutique contre notre gré ? » Quand elle demande que cette question préjudicielle soit communiquée par le biais du Conseil d'État à la Cour de Justice

1. Prérogative de saisir (un organe juridique, une personne) pour faire exercer un droit. https://dictionnaire.lerobert.com/definition/saisine.

de l'Union européenne et que, depuis maintenant deux ans, le Conseil d'État s'y refuse, alors même qu'il a obligation de transmettre, eh bien voilà qui en dit long sur l'état de la justice et de la démocratie ; comme cela en dit long également sur le refus d'apporter la réponse !

H. L. : *Un des effets pervers, c'est que les gens, avec l'aide des médias, ne voyant rien être contesté en justice, en déduisent que rien n'est contestable, et que donc tout est régulier !*

Devant ce constat d'une justice aussi emmurée, si délibérément sourde à toutes requêtes, on serait tenté de se demander quel est encore le sens de déposer des plaintes et des mises en demeure ?

C. A. B. : Connaissez-vous cette phrase de Mao Tsé-toung : « Lutte, échec, nouvelle lutte, nouvel échec, nouvelle lutte encore, et cela jusqu'à la victoire[1] » ? Ce n'est pas que nous soyons spécialement maoïstes à Reaction19, mais ce pourrait être aussi notre devise. Abandonner n'est pas du tout dans les gènes de l'association, et c'est encore moins sa vocation.

Nous n'abandonnerons jamais, et d'autant moins qu'aujourd'hui les victoires commencent réellement à poindre. Ainsi, quand le 16 juin 2022, 16 sénateurs font une proposition de loi[2] pour abroger l'article 12 de la loi du 5 août 2021[3] concernant l'obligation vaccinale et que le 21 mars dernier, 25 députés font de même[4], pour nous c'est une formidable victoire ! C'est la preuve

1. Citations du Président Mao Tsé-Toung, 1964, « V. La guerre et la paix ».
2. https://www.senat.fr/leg/ppl21-716.html.
3. Loi n° 2021-1040 du 5 août 2021 relative à la gestion de la crise sanitaire. https://www.legifrance.gouv.fr/loda/article_lc/LEGIARTI000046119263.
4. https://www.assemblee-nationale.fr/dyn/16/textes/l16b0991_proposition-loi#:~:text=Depuis%20le%2015%20septembre%202021,gestion%20de%20la%20crise%20sanitaire.

qu'à force de se battre, de ne jamais rien lâcher, de persévérer, de s'obstiner tous les jours depuis trois ans, les batailles que nous avons livrées finissent par être entendues. Et ça, c'est magnifique ! C'est parce que nous n'avons rien lâché et que nous ne lâcherons jamais rien que les choses finissent par bouger. C'est une victoire qui est le fruit de tous nos efforts ; et de nos efforts à tous – que ce soit nous ou Fouché, Perronne, Henrion-Caude et tous les collectifs, Reinfo Covid, Bonsens et tant d'autres. C'est la victoire de tous ces collectifs qui se battent comme des lions, qui se battent comme nous et avec nous. À force d'alerter sans relâche, l'information finit par gagner les consciences, mais aussi le terrain politique.

Et puis il y a deux choses encore, tout aussi importantes.

La première, c'est qu'il est fondamental d'acter. Si la justice ne peut être rendue aujourd'hui, faisons en sorte qu'elle le soit demain. L'important, c'est de ne pas abandonner et de résister. Le fait de résister maintient la vérité en éveil. Le fait de contrer des décrets, de contrer les lois, de maintenir un débat contradictoire est une façon de maintenir l'espoir. Face à tout leur arsenal, nous, avec nos attestations ici et là, nous avons réussi à rentrer dans les restaurants, à faire du sport, à repénétrer dans les Ehpad, à voyager. Et ça, c'est formidable.

La seconde, c'est de ne pas perdre de vue ce qu'est la justice. La justice, c'est un mythe. Ne confondons pas les hommes et la justice. Quand on parle de justice et de liberté, on ne parle pas de la liberté de M. Macron, même si le président fait partie du jeu de la liberté. Mais il n'est que celui qui tente de la limiter et de la gommer. Je ne me bats pas contre lui, contre sa police, son armée, ses fantassins. Je me bats au-delà. Je me bats pour ce mythe, un mythe que j'ai au fond de moi, qui est comme une sorte de rêve, et qui est beaucoup plus puissant.

H. L.: *Qu'est-ce qui différencie le droit de la loi ?*

C. A. B.: Il y a parfois confusion entre le légalisme et le droit.

Le droit ne se confond pas avec la loi. La loi peut être coercitive, la loi peut être dictatoriale ; alors que le droit, c'est autre chose. Le droit, ce sont des règles qui doivent permettre aux êtres humains de vivre de façon harmonieuse dans une société. Ainsi, la loi et le droit ne peuvent pas se confondre. Le droit peut dire à la loi : « Ce que tu fais n'est pas juste. »

La loi n'est pas, en tant que telle, la source du bonheur. La loi, dans les mains d'un dictateur, d'un fou, d'une technocratie ou d'une oligarchie peut être extrêmement dangereuse.

Une loi peut donc être illégitime ; simplement parce qu'il y a la loi, et qu'il y a le droit.

On ne peut pas non plus résumer la démocratie par la loi de la majorité, car la majorité pourrait être despotique.

Ce n'est pas parce que les loups ont décidé, en assemblée, qu'ils pouvaient manger l'agneau que l'assemblée des loups est démocratique, et que le choix qui a été fait est un choix juste.

REACTION19
actions et recours

Avec 500 notes juridiques et autant d'interventions de maître Brusa sur le Web TV, il serait assez indigeste de rentrer dans le détail de chaque action menée depuis trois ans par Reaction19. Rappelons seulement que ces actions se sont étendues à un spectre des plus large, touchant à la fois à la vie personnelle, sociale et professionnelle. Ainsi, le droit au travail (avec, entre autres, l'illégalité de la tentative d'extorsion du secret médical), le droit au sport, à l'école, dans les déplacements, les restaurants, les hôtels. Mais aussi le droit lié aux pompiers, aux gendarmes, aux soignants, aux enfants, à la visite des personnes âgées en Ehpad (sur simple présentation d'un autotest). En somme, il n'y eut pas un domaine où l'entorse au droit n'ait été constatée sans que Reaction19 ne soit intervenue. Autant dire que l'association est intervenue partout et pour tous.

Une des actions marquantes de Reaction19 a été l'élaboration du passe[1]. Il s'agit d'un imprimé sur lequel il est spécifié que vous avez procédé à un autotest, et que celui-ci se révèle négatif. Au regard du droit européen en date du 14 juin 2021 considérant qu'« il y a lieu d'empêcher toute discrimination directe ou indirecte

1. https://reaction19.fr/wp-content/uploads/2022/02/150222-Attestation-v7.2-version-francaise.pdf.

à l'encontre des personnes qui ne sont pas vaccinées[1] » et du fait que le droit européen prime sur le droit français, ce certificat permet légalement l'accès à tous les lieux ou activités soumis au « passe vaccinal » ; ce dernier demeurant illégal, malgré la décision du Conseil constitutionnel.

Téléchargé plus d'un million de fois, ce certificat « made in Reaction19 » témoigne de l'aspiration manifeste de toute une partie de la population à préserver ses libertés.

Préalable : la notion de vaccin

H. L. : *Dans les pages qui vont suivre, nous allons être amenés à évoquer la vaccination. Peut-être est-ce le moment de faire une petite mise au point. Les « vaccins Covid-19 » sont-ils des vaccins ?*

C. A. B. : Non, certainement pas. Les « vaccins ARN contre la Covid » ne sont pas des vaccins ; et ce n'est pas moi qui le dis, c'est l'aveu même de M. Jean-François Delfraissy, président du Conseil scientifique, sur Franceinfo, le 25 janvier 2022 :

> « Ce vaccin a une forme, un peu, de vaccin-médicament [...]. Normalement, je ne devrais pas dire ça [...] et pourtant, c'est la réalité[2]. »

1. Règlement (UE) 2021/953 du Parlement européen et du Conseil du 14 juin 2021, paragraphe 36.
https://eur-lex.europa.eu/legal-content/FR/TXT/PDF/?uri=CELEX:32021R0953&from=RO.

2. https://www.francetvinfo.fr/sante/maladie/coronavirus/vaccin/covid-19-le-vaccin-est-un-peu-un-medicament-avec-une-action-formidable-pour-jean-francois-delfraissy_4929057.html.

Les « vaccins ARN contre la Covid » ne sont pas des vaccins, car ils ne répondent pas aux critères de la définition médicale et juridique concernant les vaccins. La vaccination consiste à administrer un produit pour provoquer une réponse immunitaire qui protégera le sujet contre la maladie. Le vaccin est un produit qui immunise et qui empêche la transmission. Or on sait pertinemment que ces produits n'agissent pas dans ce sens. Une étude publiée dans *The Lancet* en date du 20 avril 2021[1] atteste que l'efficacité de la vaccination évaluée dans le cadre de l'ensemble de la population – jadis promise à 98 % – n'est, en réalité, comprise qu'entre 0,84 % (Pfizer) et 1,3 % (AstraZeneca). Ces données ont été confirmées par la propagation du virus durant la période allant du 31 octobre 2021 au 15 février 2022. C'est pour cette raison que l'encouragement à la vaccination avec des slogans tels que « Tous vaccinés, tous protégés » est une escroquerie monumentale qui constitue non seulement une tromperie, mais aussi, en induisant les gens en erreur, une incitation qui met en danger la vie d'autrui. Reaction19 a répondu en adressant une plainte au procureur de la République, ainsi que différentes mises en demeure à l'attention de l'Arcom (ex-CSA), des présidences de médias tels que France Télévisions, Canal +[2] ou BFM[3]. Nous avons obtenu gain de cause, car un grand nombre de ces messages ont disparu dans les 48 heures.

---

1. https://www.thelancet.com/journals/lanmic/article/PIIS2666-5247(21)00069-0/fulltext.
2. https://reaction19.fr/reaction19/actualites/communications-avec-les-medias/170222-tous-vaccines-tous-proteges-courriers-destines-aux-presidents-des-medias-francais.
3. https://reaction19.fr/reaction19/actualites/mise-en-demeure/mise-en-demeure-bfmtv-du-2-02-2021/.

De même, Reaction19 a déposé une seconde plainte auprès du procureur de la République, cette fois-ci avec constitution de partie civile, regroupant 800 plaignants[1].

Par ailleurs, un vaccin est l'injection d'un antigène à partir duquel votre corps va répondre par la fabrication d'un anticorps. Or ce n'est pas du tout le cas des vaccins Covid, car la substance injectée demande à votre corps de produire à la fois l'antigène et l'anticorps.

Pour finir, je voudrais surtout rappeler qu'un vaccin, ce n'est pas un produit qui tue et blesse des centaines, voire des milliers d'individus, mais un produit qui est destiné à sauver l'humanité d'un fléau qu'on appelle une « épidémie ».

Assignation de l'ANSM, du Conseil national de l'Ordre des médecins, du Conseil national de l'Ordre des pharmaciens et du Vidal, au motif de l'inexistence légale des vaccins ARN sur le territoire français[2]

H. L.: *Vous avez établi que les vaccins Covid étaient illégaux sur le territoire français, et vous avez assigné en conséquence. Pouvez-vous nous expliquer ?*

C. A. B.: Les médicaments qui sont autorisés par ce que l'on appelle les « AMM (autorisations de mise sur le marché) conditionnelles[3] »,

1. https://reaction19.fr/wp-content/uploads/2022/07/260722-v4-Plainte-simple-Ce-ne-sont-pas-des-vaccins.-Annule-et-remplace-la-precedente.pdf.
2. https://reaction19.fr/reaction19/actualites/refere/060921-assignation-en-refere-tj-paris-ansm-cnom-cnop-et-vidal/.
3. Une AMM conditionnelle permet l'autorisation de médicaments qui répondent à un besoin médical non satisfait avant que des données à long terme sur l'efficacité et la sécurité ne soient disponibles.
https://ansm.sante.fr/dossiers-thematiques/un-dispositif-de-surveillance-renforcee.

établies par l'Union européenne, ont été nommément attribuées à quatre médicaments. Ces médicaments sont identifiés de manière extrêmement précise dans l'AMM, avec une nomenclature qui permet de les identifier. Ainsi, nous avons Moderna, Pfizer/BioNTech, Janssen et AstraZeneca. Or, à la lumière du décret du 16 octobre 2020[1] – qui vise les vaccins et qui fait référence en France –, la nomenclature du médicament autorisé sur le territoire national diffère de celle du médicament ayant reçu une AMM conditionnelle. En effet, non seulement certaines mentions définissant le « vaccin » autorisé ne figurent pas dans ce décret, comme la mention « à nucléoside modifié », mais il apparaît également que d'autres mentions d'identification ont été rajoutées, telles que « BNT162b2 ».

Tableau comparatif AMMC/décret

Autorisations de mise sur le marché conditionnelles de la commission européenne	Décret n° 2020-1262 du 16 octobre 2020, annexe 6
« Comirnaty – Vaccin à ARNm (à nucléoside modifié) contre la COVID-19 » BioNTech Manufacturing GmbH	« Vaccin à ARNm COMIRNATY (BNT162b2) des laboratoires Pfizer/BioNTech »
« COVID-19 Vaccine AstraZeneca – Vaccin COVID-19 (ChAdOx1-S [recombinant]) »	« Vaccin Covid vaccine AstraZeneca »

1. Article 55-1 du décret n° 2020-1262 du 16 octobre 2020 prescrivant les mesures générales nécessaires pour faire face à l'épidémie de Covid-19 dans le cadre de l'état d'urgence sanitaire.
https://www.legifrance.gouv.fr/loda/id/JORFTEXT000042430554 ; https://www.legifrance.gouv.fr/jorf/id/JORFTEXT000043327303.

« COVID-19 Vaccine Moderna – Vaccin à ARNm (à nucléoside modifié) contre la COVID-19 »	« Vaccine Moderna Covid-19 mRNA »
« COVID-19 Vaccine Janssen – Vaccin contre la COVID-19 » (Ad26.COV2-S [recombinant]) »	« Vaccin COVID-19 Vaccine Janssen »

Cela veut dire que les quatre médicaments visés par le décret ne sont pas répertoriés, et donc n'existent pas. En d'autres termes, depuis le mois de décembre 2020, on pique les gens en France en utilisant des médicaments que la loi et le décret n'ont jamais autorisés. Si vous allez en pharmacie et que vous demandez un produit en référence avec ce qui est autorisé, vous n'aurez aucun produit. Si je dis : « Donnez-moi un médicament inscrit sur les AMM », ils ne l'ont pas ! Si je dis : « Donnez-moi un médicament inscrit sur le décret », ils ne l'ont pas. On utilise des produits qui ne sont absolument pas légaux. Si on applique la loi, il n'y a pas de vaccination possible ! Ces gens ont continué à piquer sans avoir le droit de le faire, avec des produits qui ne sont pas légalement sur le marché réglementairement. Quand j'ai découvert cela, je n'en ai pas cru mes yeux ! Le financement de la campagne de promotion de la « vaccination » s'est fondé sur la promotion de médicaments inexistants, à tout le moins non autorisés, trompant ainsi l'ensemble de la population concernée. Quant à la Sécurité sociale, elle a procédé au paiement et au remboursement de produits inexistants, pour déjà plus de 4,6 milliards d'euros ! C'est quelque chose de monstrueux ! Et aujourd'hui on continue, parfois et encore, de piquer des gens, et de rembourser des médicaments qui sont sur le marché sans un quelconque décret.

J'ai cité l'Agence nationale de la santé, le Conseil national de l'Ordre des médecins, ainsi que le Conseil national de l'Ordre des pharmaciens et le Vidal. Et pourquoi les ai-je cités ? Parce qu'ils auraient dû contrôler ! Nous sommes face à des médecins qui prescrivent des médicaments qui n'existent pas, à des pharmaciens qui sortent des médicaments qui n'existent pas parce que, encore une fois, ils ne sont pas référencés dans le décret ! Ils violent la loi tous les jours. On inocule un produit à des gens en dehors de tout contrôle légal et réglementaire. C'est un scandale colossal.

Mais ce qu'il faut savoir – qui n'est pas moins scandaleux, mais tout à fait révélateur de la dictature sanitaire dans laquelle nous nous trouvons –, c'est que le Conseil d'État se défend de pouvoir juger sur toute remise en cause de l'AMM, dès lors que cette question est décidée par Bruxelles. Ainsi, le Conseil d'État ne peut qu'appliquer ; il ne peut pas remettre en cause, car il n'existe aucune disposition dans un quelconque texte pour venir attaquer une AMM conditionnelle devant les tribunaux français. On peut donc toujours déposer plainte, mais ça n'a qu'un goût de minimum syndical !

Concernant Pfizer, c'est encore une autre énormité. Un jour, en scrutant les données, je finis par faire cette découverte sidérante : le vaccin Pfizer n'existe pas – ni en France ni en Europe !

Depuis le début de la vaccination, au mois de décembre 2020, on utilise un produit appelé « vaccin » qui aurait reçu un agrément en Europe au profit de la société Pfizer. L'exécutif, rédacteur des décrets, pratique la vaccination avec ce produit, commercialisé en Europe et notamment en France par ladite société. Or cette position est fausse, trompeuse et pénalement sanctionnable, car il n'existe pas juridiquement, en France et en Europe, un « vaccin Pfizer » !

En effet, l'AMM n'a jamais été donnée à Pfizer ; elle a été donnée exclusivement à BioNTech Manufacturing, avec son adresse en Allemagne, qui est destinataire de la décision. Ainsi, il ne ressort nullement de cette décision qu'il existe un quelconque médicament pour la « vaccination contre la Covid-19 » produit par la société Pfizer qui aurait fait l'objet d'une demande d'autorisation de mise sur le marché par cette société, et qui serait susceptible d'être utilisé sur le territoire français ou en Europe. Dès lors, l'utilisation d'un médicament dénommé « Pfizer » viole les principes posés par le Code de la santé publique, mais aussi par le Code de la consommation, et peut recevoir la qualification de « tromperie de produits médicamenteux ». En clair, quand on parle de Pfizer, on parle d'un médicament qui n'a jamais reçu la moindre autorisation, puisque c'est BioNTech qui l'a reçue. Donc la France a commercialisé un produit qui n'existe pas. Du fait d'une notoriété bien plus importante que BioNTech, Pfizer a signé un contrat d'alliance commerciale avec BioNTech. Pour autant, Pfizer n'a créé aucun vaccin. C'est BioNTech qui a créé un vaccin dénommé « Comirnaty ».

C'est comme si vous demandiez du Doliprane® et que l'on vous donne de l'Efferalgan®, ou bien si je demandais une boîte de sardines et qu'on me donne une boîte d'anchois ; c'est de la tromperie ! L'AMM, pour ce qui concerne le produit de Pfizer, n'a jamais été donnée à Pfizer.

À ce stade, comment ne pas évoquer ce scandale majeur révélé très officiellement devant la commission du Parlement européen, le 10 octobre 2022, par Mme Janine Small, présidente des marchés internationaux développés par Pfizer, qui, répondant à la question du député Roos, a attesté que le vaccin anti-Covid Pfizer n'a jamais fait l'objet d'aucun test d'efficacité sur la transmission du virus avant sa mise sur le marché[1]. C'est totalement

1. Traduit de l'anglais : « En ce qui concerne la question de savoir si nous étions au courant que le vaccin empêchait l'immunisation avant son entrée en marché, non. »
https://www.youtube.com/watch?v=mnxlxzxoZx0.

effarant ! Les aveux de cette dame viennent démontrer ce que nous savions de longue date, à savoir que toutes les politiques liberticides et tout le narratif autour du vaccin, tout cela était basé sur un mensonge. Je vous rappelle que la Commission européenne a signé pour 71 milliards d'euros de contrat avec les laboratoires[1], et Pfizer prévoit d'empocher 36 milliards de dollars (soit un peu plus de 32,7 milliards d'euros) en vendant son vaccin dans le monde entier[2], c'est-à-dire des milliards d'euros payés par le contribuable européen pour un vaccin dont la fonction de base – c'est-à-dire empêcher la transmission du virus – n'a pas jamais été testée ! On peut rappeler aussi, au passage, que la société Pfizer n'en est pas à son coup d'essai, puisqu'elle a été déjà maintes fois condamnée, notamment pour l'une de ses filiales qui a accepté de payer 2,3 milliards de dollars en 2009 pour une précédente affaire de fraude et tromperie[3].

Tout cela ne fait que confirmer ce que nous avons toujours soutenu : nous avons affaire à une tromperie monstrueuse, orchestrée par ceux qui veulent et peuvent manipuler le monde. Nous avons affaire au plus grand scandale sanitaire de l'histoire de l'humanité !

---

1. Voir le rapport spécial de la Cour des comptes européenne, « L'UE et l'acquisition de vaccins contre la Covid-19 ».
https://www.eca.europa.eu/Lists/ECADocuments/SR22_19/SR_EU_COVID_vaccine_procurement_FR.pdf.
2. https://www.lefigaro.fr/flash-eco/pfizer-prevoit-36-milliards-de-dollars-de-recettes-annuelles-pour-son-vaccin-anti-covid-20211102.
3. « Pfizer [...] a accepté de payer une amende record de 2,3 milliards de dollars (1,6 milliard d'euros) pour [...] "des pratiques commerciales frauduleuses" concernant l'anti-inflammatoire Bextra. »
https://www.liberation.fr/futurs/2009/09/03/amende-record-pour-le-laboratoire-americain-pfizer_579179/.

Les consommateurs et patients ont été trompés et continuent de l'être, trompés par les autorités, par les médecins, et par l'ensemble des professionnels de santé. Ces patients sont victimes de l'usage indu d'un produit commercialisé par une société dont l'efficacité de son produit sur la transmission n'a jamais été testée, et qui, de plus, ne bénéficie d'aucun agrément ou d'une quelconque autorisation en Europe et en France.

Quoi qu'il en soit, il est particulièrement choquant de voir qu'en France on peut « jouer » de la sorte avec les règles juridiques, avec les obligations posées par le Code de la santé publique, qui doivent être respectées de la manière la plus absolue par les plus hautes autorités de l'État, mais aussi par l'ensemble des ordres professionnels et des organismes qui doivent veiller au respect rigoureux de l'identification d'un médicament, de sa commercialisation et de son utilisation sur l'homme.

Passer outre ce principe et utiliser des produits qui ne sont pas juridiquement identifiables bouleverse la sécurité, porte atteinte à la dignité et à la santé des personnes, et altère la confiance du peuple français dans les institutions et dans l'État de droit.

Je le réitère : il n'existe aucun vaccin Pfizer juridiquement utilisable pour vacciner les personnes contre la Covid-19 sur le territoire français. Toute utilisation est illégale.

Mise en demeure du président de la République

H. L. : *Par une décision en date du 6 janvier 2022, le juge américain Mark Pittman, sur demande de l'organisation Public Health and Medical Profesionals for Transparency (PHMPT), a ordonné la levée* *de la confidentialité sur plus de 80 000 pages de documents concernant les essais préliminaires du « vaccin Pfizer ».*

Pouvez-vous nous dire ce que révèlent ces documents ? Et, vous appuyant sur ce qu'ils attestent, quel est l'objet de cette mise en demeure ?

C. A. B. : Nous avons mis en demeure le président, mais nous n'en resterons pas là. Cette mise en demeure a été rendue publique. Elle a été communiquée à l'ensemble des ministères, à l'ensemble des sénateurs.

Le rapport Pfizer révèle des faits d'une extrême gravité (voir « Extraits du rapport Pfizer BNT162b2 », annexe 1, page 157).

Il ressort de ce rapport que, sur les 42 086 personnes suivies dans le cadre de l'expérience préliminaire, 1 223 sont décédées dans les 28 jours après l'injection, suivant le document de Pfizer (p. 7).

Autrement dit, Pfizer savait que son vaccin pouvait tuer.

Avec la meilleure naïveté du monde, on peine à croire que le président Macron n'ait pas été au courant. Auquel cas, cela ne l'a pas empêché de continuer à promouvoir la vaccination.

Quand on sait qu'avec trois ou quatre morts dans un essai clinique, on arrête le protocole, voilà qui en dit long sur l'invraisemblable démesure du scandale.

Dans ce document, il est aussi notifié « d'importants risques secondaires pouvant être mortels » – dont notamment des cas de myocardites avec, en une journée, 6 524 cas sérieux, dont 39 décès ; ou encore des cas de péricardites avec, en une journée, 2 482 cas sérieux dont 10 décès (p. 105, 108, 111, 112). Il est également précisé, dans ce document, que les femmes enceintes et allaitantes ont été exclues de ces essais cliniques. Donc aucune donnée sur les femmes enceintes, ni sur le passage du vaccin dans le lait maternel. Selon des études auxquelles l'ANSM fait référence[1], il a été constaté des résultats néfastes de la vaccination tant sur la mère que sur le fœtus – effets que les vaccins traditionnels comme celui de la grippe ne produisent pas. On parle d'un grand nombre de fausses couches et de morts *in utero*.

On a également exclu des essais Pfizer les patients présentant des comorbidités (maladie pulmonaire, diabète, maladie neurologique, maladie cardiovasculaire).

Exclus également, les patients immunodéprimés ou porteurs de maladies auto-immunes.

Aucune étude sur l'interaction du vaccin avec d'autres vaccins.

Aucune donnée de sécurité à long terme (p. 105, 106, 118, 161, 164, 167).

La vaccination provoque des décès, c'est ce qu'ont dit, clairement et sans détour, les juges et procureurs allemands dans une lettre ouverte adressée aux députés du Bundestag au printemps 2022. Je vous cite un extrait du rapport de la cour :

> « L'État veut obliger des millions de personnes à se faire injecter un médicament qui peut avoir des effets secondaires graves dans certains cas, et qui est encore en phase d'essai clinique jusqu'à 2023-2024. [...] Une chose est sûre : la vaccination provoque des décès. Les chiffres sont alarmants. [...] En termes juridiques, on peut dire qu'en édictant cette obligation de vaccination l'État tue délibérément des gens ! » Et de poursuivre : « Les personnes concernées sont traitées comme des objets. [...] Une vaccination obligatoire avec les vaccins

1. « Enquête de pharmacovigilance sur les effets indésirables des vaccins Covid-19 chez les femmes enceintes et allaitantes », documents téléchargeables sur le site Internet de l'ANSM :
https://ansm.sante.fr/dossiers-thematiques/covid-19-suivi-hebdomadaire-des-cas-deffets-indesirables-des-vaccins.

> COVID-19 actuellement autorisés est donc incompatible avec le droit à la vie, [...] en relation avec la garantie de la dignité humaine[1]. »

Le message est très clair : si vous votez l'obligation vaccinale, vous assumerez une responsabilité pénale criminelle, car vous savez que ce produit peut tuer ; la seule chose est de savoir quand.

Et, le 7 avril 2022, les députés allemands ont voté contre l'obligation vaccinale pour les plus de 60 ans.

Bien sûr, et comme d'habitude, ça n'a pas fait le moindre bruit dans les médias français.

En Europe, il n'y a que le Parlement allemand qui ait dit non !

Plainte concernant les injections de graphène et la codification de la population

H. L. : *Voici sans doute un dossier des plus accablant et des plus conséquent, et qui commence par une observation dont vous-même avez pu être témoin. Voulez-vous bien nous dire de quoi il s'agit ?*

C. A. B. : C'est une plainte qui met en exergue l'utilisation de certains brevets, qui concerne le graphène[2], qui concerne l'utilisation des vaccins pour arriver à la numérisation de chaque individu. C'est un travail très important, une plainte parfaitement documentée, financée par Reaction19, comme tous les actes juridiques et judiciaires élaborés ; une plainte qui regarde tout le monde, littéralement, toutes celles et ceux qui sont victimes de cette pseudo-vaccination, qui est une escroquerie monumentale – la plus grande escroquerie sanitaire que le monde ait jamais connue.

---

1. https://reaction19.fr/reaction19/actualites/association-reaction19/asso-2022/110522-lettre-ouverte-au-bundestag-allemand/.

2. Nanomatériau, cristal de carbone dont les atomes sont organisés en cellules hexagonales. https://dictionnaire.lerobert.com/definition/graphene.

Cela a commencé, pour moi, quand j'ai reçu un constat d'huissier en provenance de Nouméa, faisant état d'identifications de codes numériques sur un portable *via* Bluetooth[1]. Nous sommes alors en mai 2021, et j'avoue qu'à l'époque je fus un peu étonné et plutôt méfiant. C'était pourtant le premier acte que je définirais comme « officiel ». Or il s'est trouvé que, par la suite, la fille d'une de nos collaboratrices a interpellé, un jour, sa mère en lui disant : « Tu sais, Maman, quand je suis dans le métro et qu'il y a plein de monde, sur mon Bluetooth, il apparaît plein de codes avec des lettres et des chiffres. Je ne comprends pas, avant je n'avais pas ça. » Et donc cette collaboratrice, qui était au fait de toutes nos discussions et de nos dossiers sur ce sujet, est venue au cabinet avec le téléphone de sa fille. Et là, je vous parle d'une expérience vécue que nous avons ensuite renouvelée en présence d'un huissier, qui est consignée et qui est une des pièces de la plainte que nous allons déposer conjointement avec plusieurs pays, notamment l'Italie ; une plainte scientifique, et traduite en droit. Quand nous sommes dans les locaux du cabinet, nous sommes alors trois personnes, dont aucune n'est vaccinée. Il n'apparaît rien sur le téléphone. Et j'ai vu quelque chose d'assez incroyable. Nous discutions, quand une collaboratrice entre dans le bureau. Aussitôt, un code alphanumérique apparaît sur l'écran : lettres et chiffres ! Je me permets alors de lui demander :

– Vous êtes vaccinée ?
– Oui, comment vous le savez ?
– Parce que votre code est apparu sur le téléphone.
– Comment ça, « mon code » ?
– Oui, vous êtes codifiée, vous avez une codification numérique.
– Ce n'est pas possible !

1. https://www.cjoint.com/doc/21_10/KJibKo2DpkX_Constat-huissier-magn%C3%A9tisme-post-vaccinal.pdf.

– Si, c'est possible, parce que ce code n'y était pas avant votre arrivée.

Une seconde collaboratrice entre dans le bureau et un second code alphanumérique apparaît sur le téléphone. Même échange, même consternation, même scène désagréable, d'autant que je ne m'étais jamais autorisé, jusque-là, à poser une telle question. Je ne vais pas faire aux autres ce contre quoi je me bats. Je me bats pour la protection du secret médical, je ne vais pas demander à mes collaborateurs s'ils sont vaccinés ou non. Il y a eu des purificateurs d'air dans les bureaux, personne ne mettait le masque, et il n'y a jamais eu aucun problème. Et donc ça a été l'élément déclencheur. Je l'ai vu, de mes yeux vu. Il ne pouvait y avoir le moindre doute. J'ai été convaincu. J'avais une configuration avant l'arrivée de mes collaboratrices, et j'ai constaté un changement de configuration à leur arrivée. La chose extraordinaire, c'est que la collaboratrice était venue pour apporter un dossier ; et, dès qu'elle est repartie, qu'elle s'est éloignée d'une dizaine de mètres, le code a disparu – ce qui correspond tout à fait à toutes les études et les notes que nous avons pu lire au sujet de la puissance de communication de la nanoparticule graphitique. La nanoparticule qui se forme avec le graphène – l'alliage du silicium et de l'aluminium – permet effectivement, suivant la taille, une plus grande puissance réceptive, mais aussi émettrice. Les trois fonctions de ces nanoparticules sont les suivantes. Première fonction : d'être des supraconducteurs. Elles transitent à une vitesse exceptionnelle, 1 000 kilomètres par seconde. Deuxième fonction : d'être une mémoire, de fonctionner comme une mémoire de données. Troisième fonction : de permettre l'émission des données, soit la partie interactive qui existe entre le sujet hôte et le donneur d'ordre – la machine ou l'institution donneuse d'ordre. C'est ce qui apparaît dans tous les brevets déposés aux États-Unis. En réalité, la lecture, si elle est faite sur un plan scientifique, est une innovation d'intérêt, car, si on peut envisager d'avoir une nanoparticule dans le corps au lieu d'une puce électronique qui permette de détecter une évolution de sa santé et d'anticiper un traitement, à la limite on pourrait dire que c'est quelque chose d'exceptionnel. Au fond, je n'ai pas commencé l'étude comme la veuve éplorée en m'alarmant d'avance, pas du tout. Je l'ai simplement envisagée avec une approche scientifique. Le problème, c'est que ce qui est apparu, ce sont les brevets, des brevets tels que ceux permettant de donner des ordres sur le plan émotionnel, des brevets dont l'approche nous amène à une seule configuration : le contrôle individualisé algorithmique. C'est *1984*[1] adapté au numérique. Si j'avais une nanoparticule dans mon corps qui puisse détecter une maladie, j'en serais très heureux ; mais si j'ai une nanoparticule qui permet de savoir qui je suis, ce que je fais, qui peut conditionner mon état émotionnel, et que je devienne un objet trafiqué et contrôlé par une entité extérieure, là ce n'est plus la même chose. Avec le contrôle alphanumérique, tu envoies des impulsions pour que les personnes réagissent d'une certaine manière et, dès lors, tu peux manipuler la population à ta guise. Nous pourrions même faire face à quelque chose de totalement ahurissant : le fait que, au fur et à mesure que les États disparaîtraient par leur porosité et que les armées de ces États disparaîtraient, dès lors que les armées sont « injectées », nous pourrions nous retrouver dans une situation où les armées ne seraient plus des armées des États, mais des armées de la gouvernance et de la répression. Comprenez bien que, dès l'instant où vous avez des gens sous nanoparticules numériques, tout est possible.

1. George Orwell, *1984*, Gallimard, 1972.

On pourrait m'objecter que mon différend quant à l'utilisation de ce graphène à d'autres fins que purement médicales ne constitue qu'une présomption. Mais je rappelle que les présomptions graves, précises et concordantes font partie du raisonnement du juriste. C'est parce que j'ai des présomptions graves, précises et concordantes que je peux anticiper un attentat. C'est pour cette raison que, si des présomptions graves, précises et concordantes avaient été utilisées à l'époque contre Hitler, on l'aurait bloqué. Mais on ne l'a pas fait. On savait, mais on ne l'a pas fait. Tout était déjà dans *Mein Kampf*. Quand *Mein Kampf* est sorti, personne ne l'a pris au sérieux. « Mais non, ça n'arrivera pas ! » Et c'est arrivé. Aujourd'hui, en dehors de ce que nous pouvons observer par nous-mêmes, tout est dans l'agenda de Davos et dans les livres de Klaus Schwab, *La Quatrième Révolution industrielle*[1] et *Covid-19 : la grande réinitialisation*[2].

Nous sommes face à un agenda qui vise à l'asservissement des populations. Quand l'intimité de la vie privée n'existe plus, quand vous n'êtes plus protégé dans votre vie privée, quand votre vie est devenue totalement un livre ouvert pour l'État, vous n'êtes plus libre ; parce que vous n'êtes plus à l'abri du chantage, à l'abri de ce qui peut vous faire plier et vous faire taire.

Regardons les faits. Les suites alphanumériques visibles sur certains modèles de téléphones mobiles à proximité de personnes vaccinées se présentaient sous la forme suivante :

> « 16 : 9C : 2D : B8 : 17 : B3 »,
> « 4B : 15 : 58 : 40 : 77 : CD »,
> ou encore : « 4E : 9E : 38 : DB : E1 : 7C ».

1. Klaus Schwab, *La Quatrième Révolution industrielle*, Dunod, 2017.
2. Klaus Schwab et Thierry Malleret, *Covid-19 : la grande réinitialisation*, Forum Publishing, 2020.

Or le document numérique des certificats Covid-19 de l'OMS présente des suites alphanumériques identiques à celles captées par lesdits téléphones, et attribuées aux personnes vaccinées contre la Covid-19. Le codage des êtres humains vaccinés contre la Covid-19 par l'attribution de suites alphanumériques constitue le moyen de les identifier.

Chacun pouvait réaliser, lui-même, l'expérience. C'était très simple. Il suffisait d'installer sur votre téléphone l'application Bluetooth « Scanner IO », et là vous aviez tous les codes qui apparaissaient. Comme le Bluetooth capte tout, il fallait être de préférence dans un endroit éloigné qui ne soit pas noyé de codes IP, un lieu isolé – comme un stade, un parc ou un champ. On pouvait également utiliser un téléphone d'ancienne génération, au Bluetooth non verrouillé, pour le même résultat. Quoi qu'il en soit, un non-vacciné sans aucun téléphone ou appareil informatique sur lui ne produisait rien ; et, pour une personne vaccinée, vous aviez directement un code alphanumérique qui apparaissait. Aussi simplement que cela.

Le graphène – et, *a fortiori*, sa forme réduite qui est l'oxyde de graphène – possède des capacités quasiment illimitées en matière de conductivité, de stockage d'énergie, de connectivité, de stockage d'informations, d'identification des personnes et des informations les concernant ; tout cela, avec une rapidité inégalée. Il apparaît, de manière certaine, que cette codification dépasse le domaine médical. En outre, les individus « vaccinés » n'ont pas pu donner leur accord pour être injectés d'un produit permettant de leur octroyer une suite alphanumérique, de les identifier à des objets, de prendre leurs données biologiques, et, à terme, de les contrôler. En tout état de cause, l'absence d'efficacité des « vaccins » ainsi que les effets secondaires parfois fatals issus d'une

« vaccination » de loin la plus néfaste de l'Histoire, ajoutés à l'expérimentation sur l'homme, confirment qu'il n'y a aucune finalité sanitaire.

Tableau comparatif dans l'histoire de la vaccination

Vaccin contre…	Nombre d'effets indésirables enregistrés dans la base de l'OMS (dans le monde)	Durée
Oreillons	711	50 ans
Rougeole	5 827	54 ans
Tétanos	15 085	54 ans
Rotavirus	68 327	22 ans
Poliomyélite	121 988	54 ans
Pneumocoque	234 783	42 ans
Grippe	272 202	54 ans
Covid-19	8 204 419*	2 ans*

* Données tirées du "Tableau rapports conjugués Europe/États-Unis/Australie" en date du 7 juin 2022, page 77 – estimation mondiale : plus de 11 millions d'effets indésirables.

Pour quelles raisons, depuis cinq ans, avons-nous des brevets qui portent sur la reconnaissance de l'état de santé des personnes non pas par un mécanisme extérieur, mais par un mécanisme intérieur à la personne ? Pourquoi avons-nous des brevets visant la reconnaissance des émotions des personnes ? Pfizer a reconnu utiliser le graphène dans la composition du vaccin. Mais a-t-on besoin de mettre du graphène dans des vaccins ? Il n'y a aucun argument scientifique qui justifie cela. Tous les médecins pharmacologues vous diront qu'il n'y a aucun intérêt à mettre du graphène dans un vaccin. Or ils en ont tous : Moderna, Janssen, AstraZeneca, Pfizer-BioNTech. Ils ont tous du graphène !

Un avocat travaille sur des faisceaux d'indices. Vous avez deux éléments qui sont indiciaires : la présence du graphène (voir « Extrait du rapport Pfizer PF-07302048 », annexe 2, page 167), et les brevets déposés pour construire le mécanisme du contrôle intériorisé.

Le graphène est un matériau innovant extraordinaire, un supraconducteur infinitésimal[1]. On peut avoir du graphène opérationnel de la taille d'un atome. On peut programmer le graphène. Mais cela n'est pas nouveau, car on a déjà travaillé sur le graphène fluorescent qui est utilisé sur les personnes qui ont des maladies auto-immunes, *via* une lecture qui peut se faire par Wi-Fi ou par Bluetooth sans aucune difficulté. La technologie Bluetooth est, avant tout, une technologie militaire, il ne faut pas l'oublier. Quand vous avez déjà cette première approche et que vous lisez la suite des brevets déposés, il est clair que le but est effectivement d'arriver au contrôle individualisé ; qui peut se faire par un mécanisme très simple : non pas par une puce – car une puce est un objet statique –, mais à travers le graphène, de façon dynamique.

Quand vous vous posez la question : pour quelle raison veut-on piquer tout le monde, y compris des enfants alors qu'ils ne risquent rien ? Pour quelle raison doit-on utiliser une vaccination, alors que le taux de létalité est d'environ 0,4 % – c'est-à-dire quasiment inférieur à celui d'une grippe ? Pour quelle raison veut-on vacciner tout le monde, quand vous avez deux jours d'occupation Covid de lits d'hôpitaux sur toute l'année 2020 ? Il y a quelque chose qui cloche. Et il faut trouver une explication. Un être humain

1. Un matériau supraconducteur conduit parfaitement un courant électrique, sans résistance, et donc sans perte d'énergie, et les infinitésimaux ont été utilisés pour exprimer l'idée d'objets si petits qu'il n'y a pas moyen de les voir ou de les mesurer.

normalement constitué ne peut pas accepter une explication médicale quand il n'y en a pas.

Le processus mis en œuvre et construit aujourd'hui sur le plan scientifique par ceux qui veulent nous amener au vrai transhumanisme, c'est le contrôle individualisé par l'intérieur. Pour les élites qui sont là pour changer le monde, le fait de se voir injecter du graphène, c'est une conquête. Ils ne voient pas cela du côté pénal, ils voient cela comme une grande conquête. Pfizer, avec l'opération « graphène et injection », a, aujourd'hui, pérennisé sa domination mondiale dans le secteur pharmaceutique. Aujourd'hui, Pfizer vaut beaucoup plus que tous les États d'Afrique, beaucoup plus que tous les États d'Amérique du Sud, et beaucoup plus que tous les États individualisés de l'Europe. La puissance financière de Pfizer, la puissance technologique associée à l'information et au data, font qu'aujourd'hui nous sommes des objets aux mains de Google, Facebook, Microsoft et Pfizer.

La France, l'Italie et tant d'autres pays sont devenus, de fait, des filiales des États-Unis. Allons-nous devenir des petits Coca-Cola ? Allons-nous vendre notre âme à Schwab, ou allons-nous sauvegarder notre culture ? Quand j'ai quitté l'Italie et que je suis venu dans ce pays, la France, je suis arrivé dans un pays qui, pour moi, est un mythe. C'est le siècle des Lumières, c'est Montesquieu, Voltaire ; c'est Zola, Hugo, Camus, Simone de Beauvoir… Je quittais la corruption pour arriver dans un pays comme la France où je découvrais le multiculturalisme, où je constatais entre les hommes et les femmes un équilibre et une harmonie que je ne voyais pas en Italie. Pour moi, ça a été un bain de jouvence, un bain de liberté. Mais, quand je vois où on en est arrivé aujourd'hui, je me dis que ça, ce n'est pas la France. En réalité, ce que j'ai compris de la gouvernance mondiale, c'est que, si la France n'avait pas été dans la gouvernance, elle n'aurait jamais fait ce qu'elle a fait.

C'est qu'elle n'est plus un pays libre, tout comme les autres ne le sont plus. À peine Emmanuel Macron a-t-il été réélu que la première chose qu'il a faite fut de valider le décret pour la numérisation de l'identité[1]. Êtes-vous heureux d'être numérisé ? D'être contrôlé par la reconnaissance faciale ? Par les nanoparticules ? Par le graphène ? Par tout ce qui concourt à ne plus avoir aucune vie privée, comme en Chine ? Est-ce de cela dont vous avez vraiment envie ? Notre lutte, à Reaction19, est aussi la lutte pour la préservation de la société, de l'État de droit, du pays « France », du peuple français et de la culture française. De l'autre côté, il y a ceux qui veulent détruire l'identité nationale, la souveraineté nationale, la valeur du peuple et la valeur de notre culture.

Je sais que je prends des risques avec cette plainte déposée conjointement avec plusieurs pays, je le sais parfaitement. Et ce n'est pas du « complotisme » ce que je rapporte ici ; sinon, je n'aurais pas déposé une plainte. Ce sont des choses et des preuves aujourd'hui réelles. Ma vie est en péril, et je le dis avec beaucoup de solennité et de conscience. Mais, pour autant, je n'arrêterai pas de dénoncer, parce que l'Europe a vendu son âme au diable ; et ça m'est insupportable, pour moi, pour mes enfants, pour cette humanité. L'Europe a vendu son âme à un pays qui s'appelle « les États-Unis d'Amérique ». Alors je me battrai, je me battrai jusqu'à mon dernier souffle pour défendre le droit, pour défendre le droit contre la haine ; parce que le transhumanisme, c'est la haine de la dignité humaine, la haine de la femme, de l'homme, de l'enfant. Le transhumanisme, c'est la destruction de la racine de l'être humain qui trouve et puise sa force dans la nature. Le transhumanisme tue la nature. Le transhumanisme,

1. https://www.legifrance.gouv.fr/jorf/id/JORFTEXT000045667825.

c'est éliminer une grande partie de l'humanité pour avoir un contrôle sur une population asservie; et vous n'avez pas besoin d'un supposé «complotiste» comme moi pour vous en rendre compte. Regardez autour de vous, lisez, instruisez-vous, sortez de la caverne!

H. L.: *Toutes ces plaintes sont-elles disponibles pour qui souhaiterait les consulter?*
C. A. B.: Oui, bien sûr, sur le site de Reaction19. Il n'y a rien qui soit caché. J'ai délibérément fait les choses d'une manière publique. Tout ce que je fais, je le rends public. Tous les courriers que j'ai adressés, tout ce que fait Reaction19, tout est consultable sur le site[1].

1. https://reaction19.fr.

SANTÉ, *PRIMUM NOCERE*[1]

Dès le début de la crise Covid, Hippocrate a dû se retourner dans sa tombe; et Machiavel, jubiler dans la sienne.

Si on avait décidé délibérément de nuire à une population au prétexte de la soigner, on ne s'y serait pas pris autrement. En imposant ce qui ne fonctionne pas mais qui détruit, et en interdisant ce qui profite et qui guérit, la campagne de vaccination contre la Covid n'est pas seulement un échec notoire, c'est aussi une immense stratégie de désastre sanitaire.

Non seulement toutes les preuves sont établies que ce vaccin est complètement inefficace (Pfizer: 0,84 %[2]), mais, de plus, et de source tout aussi officielle, on connaît aujourd'hui les dommages considérables qu'il provoque.

Voici les chiffres, factuels et irréfutables, sans présumer des effets à long terme encore inconnus à ce jour. Concernant l'Europe, ce sont les chiffres d'EudraVigilance (base de données officielle européenne). Concernant les États-Unis, il s'agit du VAERS (base de données officielle américaine). Ces chiffres rapportent le nombre de décès et d'effets secondaires avérés conséquents à la

1. « D'abord, nuire », *a contrario* du serment d'Hyppocrate « *Primum non nocere* » (« d'abord, ne pas nuire »).

2. https://www.thelancet.com/journals/lanmic/article/PIIS2666-5247(21)00069-0/fulltext.

vaccination. Sachant l'extrême complication, fortement dissuasive, à faire valoir les incidents auprès de la pharmacovigilance (document Cerfa, expertise avec chronologie, comparaison avec effets connus et rapportés, etc.), il est établi que ne remontent dans ces données qu'entre 1 % et 10 % des événements réels.

EUROPE, au 16 juillet 2022 (source EudraVigilance) :
47 000 décès
4 700 000 effets indésirables

ÉTATS-UNIS, au 30 septembre 2022 (source VAERS) :
31 000 décès
1 400 000 effets indésirables

Tableau rapport VAERS sur les effets du vaccin Covid

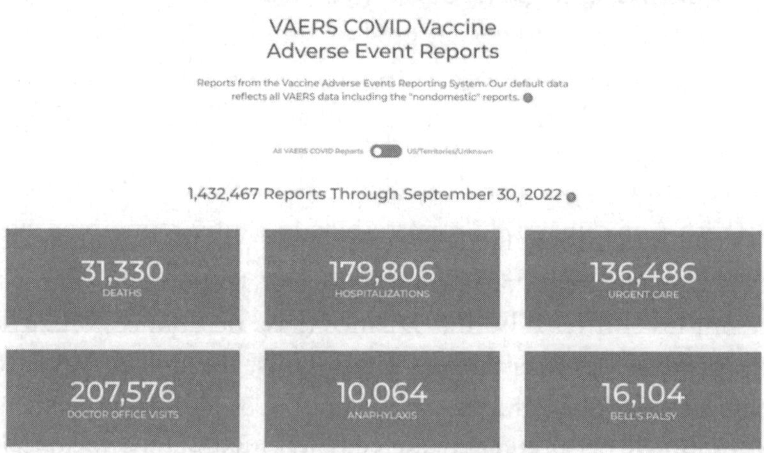

MONDE (estimation selon rapports conjugués VAERS, Yellow Card (UK), TGA (Australie), EudraVigilance, OMS) :
Plus de 76 000 décès
Plus de 8 millions d'effets indésirables

Tableau rapports conjugués Europe/États-Unis/Australie

WORLD DATA COVID-19 VACCINE INJURIES AND DEATHS REPORTS 7/6/22		
	TOTAL INJURIES REPORTED	TOTAL DEATHS
UK-YELLOW CARD	1,496,682	2,161
EMA-EudraVigilance	4,416,778	45,316
TGA-AUSTRALIA	128,978	878
VAERS-USA	2,161,981	28,532
	TOTAL 8,204,419	TOTAL 76,887

CHILD COVID VACCINE INJURIES UK-TELEGRAM

LATEST DATA OF INJURIES AND DEATHS REPORTED TO UK YELLOW CARD, EMA EUDRAVIGILANCE, TGA AUSTRALIA, VAERS USA AS 07/06/22

Pour rappel : au 16 avril 2022, selon l'ANSM (Agence nationale de sécurité du médicament), qui a cessé de mettre en ligne le nombre de décès depuis le 8 avril 2021, les décès avérés s'élevaient alors en France à 1 796. Par ailleurs, les chiffres officiels de la DREES (qui dépend du ministère de la Santé) rapportent que, au cours des premières semaines d'avril 2022, 75 % des morts de la Covid avaient reçu au moins une dose de vaccin. Sur 905 morts, 705 étaient doublement vaccinés et 539 avaient même reçu trois doses de vaccin. Dès lors, soutenir que le vaccin protège des formes graves et prétendre que ceux qui meurent sont les non-vaccinés constituent deux contrevérités absolues.

À l'échelle du monde, on constate également, dans les pays où l'on a le plus vacciné, le plus grand nombre de contaminations et de décès. Cela valide l'argumentation d'un grand nombre de chercheurs faisant valoir que plus on vaccine, plus on crée de variants; mais aussi que chaque injection effondre le système immunitaire du vacciné (études confirmées par Christian Vélot, membre du Comité de recherche et d'information indépendantes sur le génie génétique). Inversement, il est avéré que les alternatives aux vaccins – telles que l'ivermectine, l'hydroxychloroquine et l'azithromycine – ont permis, dans un grand nombre de pays, de limiter de façon drastique les effets du virus. Les données de l'OMS montrent qu'au 21 avril 2022, les pays les plus vaccinés souffrent d'une mortalité Covid-19 par million d'habitants nettement plus élevée que les pays ayant utilisé les traitements précoces. Ainsi, 6377/M au Pérou; 2539/M en Grande-Bretagne; 2975/M aux États-Unis; 2688/M en Italie; 2149/M en France[1]. Alors que pour les pays ayant utilisé les traitements précoces: 154/M en Algérie; 49/M à Madagascar; 374/M en Inde; 184/M en Afrique *Ibid.*

En France, le professeur Mathieu Mignon affirme avoir traité, depuis septembre 2021, des milliers de personnes en ambulatoire précoce avec le cocktail zinc-ivermectine-azithromycine, et n'avoir connu aucun décès.

Ces résultats confortent les études de l'épidémiologiste américain Harvey Risch, qui concluent que, si l'on avait traité les gens selon ce protocole en ambulatoire précoce, il y aurait eu 80% de décès en moins – pourcentage qui, rapporté à la France, aurait permis d'éviter 90000 morts. Difficile, quoi qu'il en soit, de parler santé sans parler politique, tant il est évident que la finalité de cette campagne de vaccination n'a jamais été de vacciner, et que son but n'était pas sanitaire mais clairement politique.

1. Voir à la page 28 de la « Plainte simple » : https://reaction19.fr/reaction19/actualites/ad-plaintes/ce-ne-sont-pas-des-vaccins/180722-plainte-ce-ne-sont-pas-des-vaccins/.

H. L. : *Un confinement contre-productif et désastreux, des vaccins expérimentaux dont les gouvernants savaient pertinemment qu'ils blessaient et tuaient, une flambée de thromboses, de myocardites et d'AVC comme jamais, une effarante interdiction de prescrire faite aux médecins, une société fracturée, des gens dans le désespoir, contraints de perdre leur emploi, des enfants maltraités… La liste est longue, elle écœure. Sans parler de la morgue ordinaire et de son lot de recommandations obscènes, comme l'infamie d'une « mamie cantonnée dans la cuisine pour la bûche de Noël ». Comment a-t-on pu en arriver là ? Comment peut-on bafouer à ce point le respect de la vie ? Qu'y a-t-il dans la tête de ces gens-là ?*

C. A. B. : On est passé d'un centralisme théocratique à un centralisme monarchique ; puis, avec la Révolution française, on a bâti les bases d'un centralisme de l'homme. C'est beau, certes, mais ça a été aussi, à certains égards, le début d'un chemin qui nous a amenés à ce que nous connaissons aujourd'hui. Car si, avant, dans le centralisme théocratique ou monarchique on avait quelques verrous qui arrivaient encore à bloquer certains excès, avec notamment le rappel de Dieu, aujourd'hui cette omnipotence de l'homme au centre du monde a fait oublier sa dépendance à la nature, à la transcendance, à l'univers. On a tellement envie de rechercher l'antimatière qui permettrait d'éliminer Dieu une fois pour toutes ! Mais, du fait que l'on n'a pas pu démontrer que du rien naissait quelque chose, on est toujours obligé de passer par Dieu. Et donc le centralisme de l'être humain est un centralisme éphémère, voire parfois dangereux, car il donne le sentiment d'être omnipotent, omnipuissant, alors que ce n'est pas le cas.

Ce centralisme du sujet, au sens philosophique du terme, est très intéressant, mais c'est de là aussi que sont nés les pires philosophes et les pires philosophies. Marx, par exemple, avec la laïcisation et la destruction des religions, a créé les dictatures les plus épouvantables parce que, dès que l'homme n'a plus peur de Dieu et se prend pour le dieu suprême, à ce moment-là il devient dangereux. Quand tu as Dieu en repère, tu te poses des limites. L'athéisme, qui tue toute transcendance, est dangereux. Car, dès le moment où tu es dans un athéisme absolu, ça veut dire que tu te considères tout simplement comme le plus puissant ; étant le plus puissant, tu es Dieu ; et en tant que Dieu tu as le droit de faire tout ce que tu veux, vis-à-vis de toi comme vis-à-vis des autres ; et c'est bien ce à quoi on assiste aujourd'hui. La vraie sidération, pour moi, ce n'a pas été la Covid, mais la capacité de certains êtres humains à imposer à d'autres êtres humains des mesures qui sont tellement contraires à la liberté, contraires à l'humanité, contraires à la quintessence de l'homme. Pour moi, le transhumanisme est déjà là. Le transhumanisme, c'est avant tout ceux qui se considèrent comme supérieurs. On est « trans-humain » quand on se considère supérieur aux « gens qui ne sont rien[1] ». Le seul fait que tu puisses employer une telle expression, que tu puisses parler comme ça, c'est que tu ne te considères même plus comme un membre de l'humanité ; et cela, c'est un point fondamental. Je vois beaucoup de points communs entre la mise en esclavage des gens et ce que nous avons vécu, comme avec ce que nous pourrions être amenés à vivre. C'est toujours un dominant et un dominé, et la capacité d'êtres humains qui se croient supérieurs à d'autres êtres humains, au point d'imposer des choses qui sont si contraires aux simples notions du respect de la vie, au sacré de la vie et du vivant. Le transhumanisme se résume à ce que j'ai toujours dit et que je répète : le passage du sujet de droit à l'objet de droit. Quand tu

1. « Les gens qui réussissent et les gens qui ne sont rien » est une phrase tirée d'un discours d'Emmanuel Macron le 29 juin 2017, lors de l'inauguration de Station F, plus grand campus de start-up d'Europe, à Paris1.

restes sujet, tu as des droits; quand tu es objet, tu as des devoirs. Un objet est au service de quelqu'un.

En dehors de ce transhumanisme, la Covid-19 et ce que les hommes ont fait de cette maladie, c'est quelque chose d'extraordinaire en termes de comportement, de destruction des valeurs; mais ce n'est plus le fait d'un Hitler et d'une exception dans l'Histoire. Là, non! Là, on a quelque chose qui est de l'ordre d'une hystérie mondiale, à laquelle de très rares pays ont échappé; et c'est cela qui est à la fois troublant et effrayant. On a confiné aux États-Unis, en Chine, en Europe, en Afrique. On a anéanti les libertés partout. Cela veut dire qu'il y a une quasi-unanimité comportementale qui s'est générée chez l'être humain face à cette maladie. On a réussi à construire une quasi-doxa mondiale indépendamment des divisions, Chine, Russie. Mais autour de quelle idée? Dans quel but? On est en train de nous amener l'idée d'un monde nouveau. Mais quel monde nouveau? C'est ça, le message qui me fait peur! Parce que, en réalité, pourquoi ne pas garder les valeurs fortes et belles de notre existence et que nous avons déjà? Qu'est-ce que la Covid a remis en cause de tout ce que nous vivions par le passé? Pourquoi la Covid justifie-t-elle l'identité numérique, la suppression de l'argent, de la monnaie, et la numérisation de tout? On n'a pas à justifier de l'identité numérique, on n'en a pas besoin. Ce sont les élites qui veulent le faire croire, car, dans leur mécanisme transhumain, ils ont besoin de cela pour faire croire que la vie va dans ce sens. On est dans les ombres de la caverne. Je ne dis pas qu'on doive retourner aux chevaux, il faut être nuancé, mais la vie ne doit pas non plus se fonder sur l'absolutisme numérique. Quand on est dans la performance en permanence, on n'est plus dans le progrès. La performance et le progrès ne sont pas la même chose. Le progrès, c'est l'avancée de la vague sur la plage. Elle avance, puis elle se retire. Mais, chaque fois qu'elle avance, elle gagne un petit peu de terrain. La vague n'est pas une performance, la vague est dans le cours naturel des choses.

Là, on veut créer un tsunami « antinaturel » pour justifier d'une avancée outre mesure de la vague ; et c'est là qu'il y a entorse, entorse à la nature. Pour eux, le rêve, c'est la performance vers l'éternité. Tu as des gens qui vivent dans des taudis, dans des barres d'immeuble ; on compte 11 millions de pauvres dans ce pays[1] ; et il y a une petite nomenklatura[2] d'élites qui n'en a rien à faire, parce que pour eux, tout cela ce n'est que du lest, du lest qui bloque le progrès, parce que le rêve, c'est de se prendre pour des créateurs, de changer l'ADN de l'espèce, et de prendre le pouvoir sur la Création. Ils ne veulent pas mourir. Ils sont dans une sorte de fantasme d'éternité par rapport à nous, pauvres mortels. Le vrai transhumanisme, c'est cela ; ce sont des élites qui considèrent qu'elles sont en dehors du système, comme de nouveaux dieux. Ces élites doivent détenir – comme elles le disent – la doxa (l'opinion) et la data (les données), deux termes helléniques. Le fait de s'inspirer et de puiser dans une terminologie de la Grèce ancienne est une manière symbolique de faire croire, à celui qui va t'écouter, que tu es à la fois dans la continuité historique et dans la sagesse, alors qu'en réalité il n'en est rien ! Quand, dans le même temps, M. Macron dit : « il faut se couper du passé », c'est le déracinement mondialiste. Le mondialisme se bâtit sur l'argent en tant que dieu absolu et unique.

1. https://www.oxfamfrance.org/inegalites-et-justice-fiscale/pauvrete-inegalites-france.

2. Ensemble de privilégiés (d'un régime, d'une société). https://dictionnaire.lerobert.com/definition/nomenklatura.

La pensée que ces élites mondialisées voudraient voir dominer aujourd'hui en Occident repose sur trois éléments essentiels : une autorité absolue, une pensée unique, et une incapacité totale d'y déroger.

H. L. : *Quand nos démocraties n'entendent plus la voix du peuple et que nos dirigeants sont dans la toute-puissance se pose, pour le moins, la question de la déviance. Ainsi, l'anthropologue Jean-Dominique Michel, s'exprime dans ces termes : « Nous ne pouvons pas nous permettre d'être naïfs. Nous devons voir la réalité en face. Nous avons affaire à des psychopathes totalement déshumanisés. Ce profil se caractérise par quatre paramètres : le côté narcissique, il n'y a que moi qui compte, et les autres ne sont même pas des êtres humains, ce sont des objets. Le machiavélisme, je manipule à merveille pour faire croire ce que je veux aux autres. La psychopathie, c'est l'absence totale d'émotion envers les autres, et notamment leur souffrance. Enfin, le sadisme, le plaisir d'infliger de la souffrance à autrui. Certains dirigeants ont très clairement les caractéristiques de ces quatre éléments, et notamment dans cette façon de jubiler, lorsqu'ils nous annoncent les mesures les plus liberticides. Les psychopathes au sommet de l'État détruisent les nations*[1]. » *Partagez-vous ce point de vue ?*

C. A. B. : Comme dans tout bon régime totalitaire, on s'en est pris aux enfants, avec toute la lâcheté qu'il se doit. En l'espèce, le désastre de ce port du masque – dont aucune étude au monde n'aura jamais prouvé l'efficacité, bien au contraire –, rendu obligatoire à l'école pour une population dont on sait pertinemment qu'elle ne développe pas de formes graves, avec tous les problèmes que cela a entraînés. Des problèmes d'ordre physique, avec des enfants en hypoxie et,

1. https://anthropo-logiques.org/macron-sociopathe-essai-de-profiling-dun-president/ ; https://www.youtube.com/watch?v=9Li5mrFWumk&t=3918s.

conséquemment, des troubles de la croissance, notamment cérébraux ; mais aussi de nombreux troubles d'ordre psychologique et cognitif, alors même qu'on aurait pu installer des purificateurs d'air dans les classes, capables de neutraliser le virus à 99 %[1]. Je rappelle que le masque jetable est un matériau non tissé, c'est-à-dire obtenu après la fonte et la transformation d'une résine thermoplastique que l'on appelle le « polypropylène ». Ce sont des masques si peu respirants que l'INRS (Institut national de recherche et de sécurité) a produit un document dans lequel il est recommandé de ne pas porter ce masque plus de quatre heures d'affilée[2]. Et on a masqué les enfants des heures durant, pendant des jours et des mois ! On a dit que les enfants n'étaient pas malades mais qu'ils étaient porteurs, donc contaminants, avec toute la culpabilité qu'on a pu faire porter sur eux. En réalité, on a sacrifié les enfants pour protéger les aînés, alors que de tout temps et dans toute l'histoire de l'humanité, ça a été le contraire : c'étaient les enfants qui étaient à protéger d'abord et à tout prix. C'est un sacrilège, une transgression inédite, symptomatique d'une perte totale de repères.

Tout aussi scandaleuse est l'ouverture à la vaccination de ces mêmes enfants. Il est très compliqué d'avoir des données en France ou en Europe parce que c'est un sujet tellement sensible que le système a été totalement verrouillé. Rien ne filtre. Par contre, on a les chiffres du VAERS, qui est l'organisme de surveillance pour les États-Unis. Et là les chiffres que je vais vous donner, même s'ils sont certainement encore très en dessous de la réalité, sont absolument avérés. Du 14 décembre 2020 au 1er juillet 2022, ce

---

1. https://www.francetvinfo.fr/sante/maladie/coronavirus/vrai-ou-fake-covid-19-les-purificateurs-d-air-sont-ils-efficaces-contre-le-virus-comme-l-assure-laurent-wauquiez_4337829.html.

2. https://www.inrs.fr/risques/biologiques/faq-masque-protection-respiratoire.html.

sont 11 638 événements indésirables, dont 300 qualifiés de graves et 7 décès d'enfants âgés de 5 à 11 ans qui ont été signalés des suites de la vaccination. Et du 14 octobre 2020 au 20 mai 2022, chez les 12-17 ans, ce sont 31 762 événements indésirables, dont 1 828 qualifiés de graves et 44 décès qui ont été déclarés !

Données enfants VAERS

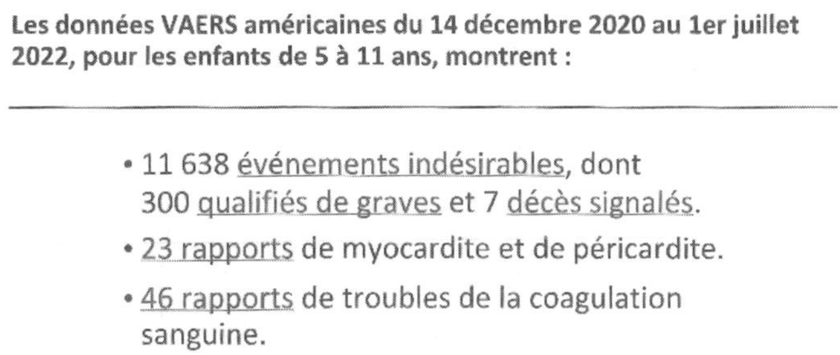

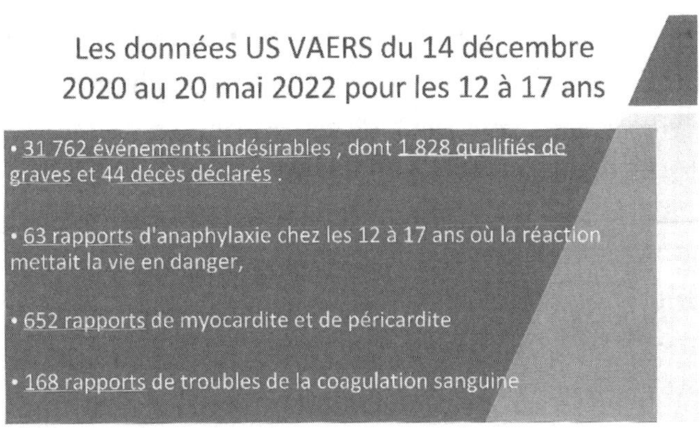

Au-delà du nombre, au-delà des chiffres, c'est monstrueux ! Même un seul enfant, un seul enfant mort, c'est déjà un enfant de trop, et c'est totalement abject et insupportable. Et c'est d'autant plus insupportable qu'il n'y a strictement aucun argument scientifique en faveur de la vaccination des enfants. Aucun !

Tableau létalité Covid enfant

TAUX DE LÉTALITÉ PAR INFECTION DE LA GRIPPE ET DE LA COVID-19 SELON L'ÂGE

COVID-19		GRIPPE	
0-19 ans	0,001 %	0-4 ans	0,007 %
		5-17 ans	0,004 %
20-29 ans	**0,01 %**		
30-39 ans	**0,02 %**	18-49 ans	**0,02 %**
40-49 ans	**0,05 %**		
50-59 ans	**0,2 %**	50-64 ans	**0,06 %**
60-69 ans	**0,8 %**		

Pire que cela. Comme l'atteste le docteur Geert Vanden Bossche : « Le vaccin détruit l'immunité naturelle des enfants, et c'est catastrophique[1]. » Si on vous disait qu'en Afrique des médecins donnent aux enfants des médicaments qui réduisent leur immunité, les tuent, et que c'est catastrophique, vous vous indigneriez et puis vous vous diriez : « Bon, c'est en Afrique… » Mais dès lors que ça se passe ici, eh bien non, rien ! C'est normal ! Normal parce qu'on ne saurait douter de notre « élite médicale ». Normal parce qu'on a fait en sorte de donner tout pouvoir et tout crédit à ceux que l'on a chargés de la « science ». On pique des mômes qui sont sains au cas où ils pourraient être malades, alors qu'ils ne le seront probablement jamais ; c'est totalement antinomique. Et c'est cette normalisation du non-sens et de la folie qui est consternante.

1. Interview de Geert Vanden Bossche sur YouTube par BAM! (Belgian Alternative Media), perma.cc/8GQC-SYRL.

H. L.: *Précisément, si au fil du temps les gens ont appris à prendre leurs distances avec le religieux, le politique et la justice – puis, dans une moindre mesure, avec les médias –, par contre, concernant la santé, il n'est pas admis dans les mentalités que l'autorité de la médecine puisse être remise en cause. Que votre bon médecin de famille vous assure qu'un vaccin expérimental, « il n'y a rien de mieux pour la santé », vous l'écoutez ! Comment croire que votre médecin puisse vous induire en erreur ? Comment, surtout, avoir à sa place, lui le spécialiste, ce bon sens qui semble lui avoir échappé ? On n'est ni averti ni éduqué à douter de la parole d'un médecin.*

N'est-ce pas, là aussi, l'un des facteurs importants qui ont contribué fortement à l'adhésion d'un grand nombre à la politique vaccinale ? Plus profondément, est-ce que de ne plus croire ni en Dieu, ni à la politique, ni à la justice, ni aux médias, ni à la médecine, n'est pas d'une désespérance telle que pour certains, mieux vaut encore croire, quitte à être dans le déni ?

C. A. B.: Je pense que toute croyance est illégitime. Chacun de nous doit croire d'abord en lui-même. Toute forme de croyance – que ce soit la croyance en la science, la croyance en une institution – n'est pas justifiée dans le sens de la vie.

En réalité, il ne s'agit pas de croire ou de ne pas croire. Tu peux croire en Dieu, mais tu peux y croire avec un esprit critique, en te posant la question : « Je vais à l'office, je prie Dieu, mais est-ce que Dieu existe vraiment ? » Est-ce que même quelqu'un qui croit en Dieu a le droit de dire : « Est-ce que Dieu existe ? » Et c'est là que peut se faire la différence. Quand je dis que toute croyance est illégitime, c'est parce que, si elle est absolue, elle est absurde. Elle ne doit jamais être absolue, parce que, si tu crois d'une manière aveugle, absolue, à la parole d'un médecin, à la parole d'un politique, à la parole de ton curé, c'est catastrophique. Quand M. Véran dit, le 28 mars 2021, devant la commission du

Sénat que « les personnes vaccinées sont celles qui sont les plus exposées aux formes graves et au décès en cas d'inefficacité initiale du vaccin ou de réinfection post-vaccinale[1] », et que dans la foulée, on multiplie les vaccinodromes et les campagnes de vaccination, on est à la fois dans le cynisme le plus total de ce gouvernement et dans la perte absolue de lucidité et de sens critique chez ceux qui adhèrent et se soumettent.

Face à un médecin, ai-je le droit de me poser la question : « D'accord, il est médecin, mais est-ce qu'il va faire vraiment tout pour ma santé, ou est-ce qu'il se pourrait qu'il ait quelque sorte d'intérêt avec un labo ? Se pourrait-il que, d'une manière aveugle, il suive cette politique vaccinale qui n'en est pas une ? » Puis-je lui poser la question : « Êtes-vous prêt à me garantir que je ne vais pas mourir ? » Et, s'il me répond : « Je ne vous dirai pas ça », alors j'ai le devoir de le croire déjà un peu moins. Au fond, c'est cela que nous avons introduit avec Reaction19, et que nos gouvernants ne veulent surtout pas : l'esprit critique ! L'esprit critique face aux élites, face à la propagande gouvernementale, face à celles et ceux qui veulent nous vendre l'absolutisme d'une pensée.

H. L. : *Concernant la vaccination, la pénétration par un corps étranger sans consentement, mais sous la contrainte, ne s'apparenterait-elle pas à la définition du viol ?*

C. A. B. : « S'apparenterait » seulement, parce que le qualificatif de « viol » ne peut être retenu juridiquement, car il induit une pénétration à caractère sexuel. Il n'en demeure pas moins qu'il y a contrainte et extorsion de consentement ! Il y a un principe

---

1. https://www.sudouest.fr/sante/coronavirus/vaccin/covid-19-un-octogenaire-vaccine-demande-au-conseil-d-etat-de-ne-plus-etre-confine-1859560.php.

d'inviolabilité du corps humain[1], comme l'a très bien défendu le docteur Amine Umlil devant la commission du Sénat: «[...] Je rappelle que le principe, c'est l'inviolabilité du corps humain, et que l'exception, c'est l'intervention médicale[2].»

Mais, en réalité, ce que la vaccination – ou cette pseudo-piquouze que l'on appelle «vaccination» – a engendré, c'est le processus de l'esclavage. Les esclaves étaient violés, et les colons étaient impunis. Ça faisait même partie des droits du patron, dans l'esclavage, que de violer ses esclaves et de les posséder mentalement et physiquement.

Dans la vaccination telle qu'elle a été construite, là on attaque par la peur. Première étape, on commande les esclaves par la peur. Ce n'est pas la peur du fouet, c'est la peur du virus. Le message c'est: «Vous allez mourir», et on obtient la sidération mentale. La seconde étape du passage à l'esclavage, après la soumission mentale, c'est la soumission physique: «Je n'ai même pas besoin d'instaurer une obligation, et tu vas te piquer.» C'est magnifique, parce que c'est ce que la gouvernance a en tête depuis toujours: arriver à posséder. Quand tu vois la note du mois d'avril 2022 de l'Union européenne qui dit qu'il faut poursuivre pour convaincre la minorité de se faire vacciner[3], mais c'est beaucoup plus agréable pour le tordu qui pose cette demande d'obliger à te soumettre sans

1. Code civil, «Chapitre II: Du respect du corps humain», article 16-1: «Chacun a droit au respect de son corps. / Le corps humain est inviolable. / Le corps humain, ses éléments et ses produits ne peuvent faire l'objet d'un droit patrimonial.»
https://www.legifrance.gouv.fr/codes/id/LEGISCTA000006136059.

2. https://www.senat.fr/rap/r21-659/r21-6591.pdf.

3. https://france.representation.ec.europa.eu/informations/covid-19-la-commission-appelle-les-etats-membres-intensifier-leur-preparation-en-vue-de-la-prochaine-2022-04-27_fr.

avoir besoin de faire une loi dictatoriale, parce que, si on avait fait une loi d'obligation pour tout le monde, ça aurait été la révolution. L'esprit qui les anime, c'est l'esprit tordu. L'esprit tordu, parce que c'est un esprit visant à la soumission et dans lequel, toi, tu vas adhérer. Sauf qu'avec les législatives du 19 juin 2022, ce qui s'est passé là, c'est une petite lumière au bout de la caverne. Pour une fois, il y a eu une petite victoire du peuple, parce que le fait que le président de la République et son gouvernement n'aient pas eu la majorité[1] – et dire qu'ils ont tout fait et avaient tout pour le faire –, est le signe du refus des 16 millions qui ne sont pas vaccinés ; mais aussi le refus de tous ceux qui ne veulent plus continuer parce qu'ils ont compris qu'ils s'étaient fait piéger et qu'il y a bien anguille sous roche. Un jour, Emmanuel Macron a cru bon de dire : « Les Français sont des Gaulois réfractaires au changement[2]. » Je crois qu'il n'a pas compris que, dans une bonne mesure, les Français sont surtout des Gaulois réfractaires à la soumission. Dans l'histoire de ce pays, il y a Alésia, en 52 avant Jésus-Christ. C'est un symbole. On a un personnage qui s'appelle Vercingétorix, prêt à combattre jusqu'à la mort, mais qui va se faire emprisonner. Et c'est un symbole parce que, pendant trois ans, il est resté dans les prisons romaines. À Rome, pas loin de la via dei Fori Imperiali, il y a toujours les barreaux derrière lesquels il était enfermé, et où les Romains passaient et lui crachaient à la figure, tous les jours. Il a vécu comme cela pendant trois ans, trois ans d'un homme

1. Résultats des élections : Ensemble !, 245 sièges dans l'hémicycle ; la Nupes, 133 ; le Rassemblement national, 89 et l'alliance LR/UDI/DVD, 61. https://www.interieur.gouv.fr/Elections/Les-resultats/Legislatives/elecresult__legislatives-2022/(path)/legislatives-2022/FE.html.

2. https://www.lemonde.fr/emmanuel-macron/article/2018/08/29/emmanuel-macron-compare-les-francais-a-des-gaulois-refractaires-au-changement_5347766_5008430.html.

qui a montré ce que c'était qu'être un Gaulois. Alésia, ce sont ces trois ans-là ! Et il a été tué parce que, quand ils ont vu qu'il n'était pas mort au bout des trois ans, ils l'ont égorgé, parce que sinon, il allait tenir et continuer à soutenir son regard à la face des Romains avec cette façon de dire : « J'ai tenu tête, et je suis là. » Et ça, c'est quelque chose de très fort, d'incroyablement puissant. Et je pense que les Français sont un peu comme cela.

H. L. : *Quand on connaît le nombre d'effets secondaires et de décès dus à la vaccination, sans présumer des effets à long terme ; quand on connaît l'incidence avérée de cette même vaccination sur le cycle des femmes et leur fertilité, n'est-on pas en droit d'évoquer une « politique sanitaire sélective » ?*

C. A. B. : Ce n'est un secret pour personne que, à la suite de la vaccination, de nombreuses femmes ont subi des cycles menstruels complètement déréglés, des pertes constantes de sang, ou encore des ménopauses précoces. J'en profite pour saluer le travail formidable du collectif « Où est mon cycle ?[1] », qui a pu libérer la parole des femmes sur ce sujet, recueillir au quotidien un grand nombre de témoignages et commencer à mener des actions, notamment juridiques. Les hommes ne sont pas en reste. Ce même collectif a créé la page « Où est ma libido ?[2] » sur laquelle ces derniers ont témoigné avoir souffert de troubles de l'érection et d'une sévère baisse de leur libido. Ce que l'on sait moins, c'est que l'on a constaté un grand nombre de troubles cardiaques sur les fœtus, de fausses couches et de morts intra-utérines.

1. https://www.ouestmoncycle.com.
2. https://www.instagram.com/ouestmalibido/

Rapports EMA et VAERS sur l'incidence vaccin/fausse couche

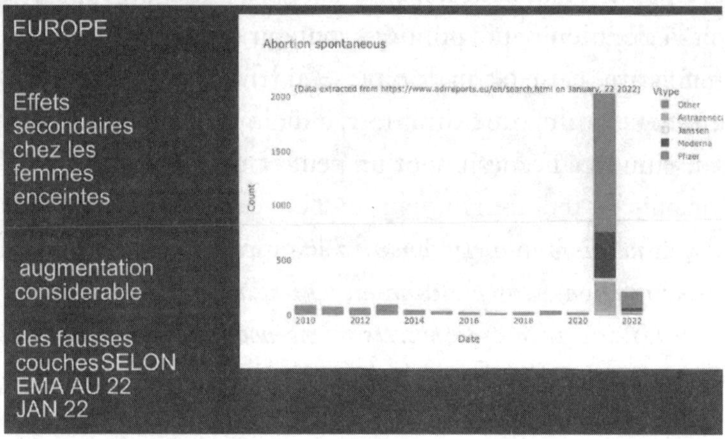

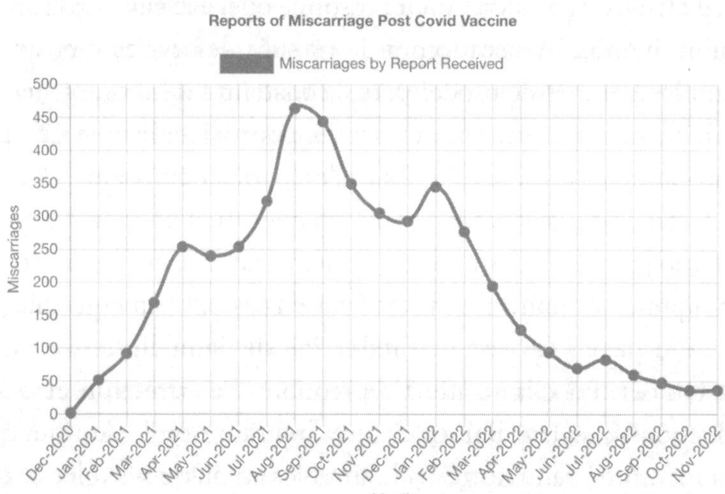

C'est pour cette raison qu'une fois encore, cette publicité – « tous vaccinés, tous protégés » – a induit toute une population en erreur, et fait prendre aux femmes enceintes, à leur fœtus et à leur bébé des risques graves tant pour leur santé que pour leur vie.

Alors, qu'on le veuille ou non, quand un vaccin a une incidence aussi grave sur la fertilité et sur la grossesse des femmes, et que le gouvernement continue à laisser faire, oui, on est en droit de se poser la question d'une politique démographique.

En vérité, n'est-on pas en présence d'une politique sanitaire ayant pour finalité une diminution de la population sur Terre ? Cette gouvernance agit avec un seul et unique but, celui d'asservir puis de réduire l'humanité. Ce n'est pas une folie, ce que je dis ; et je suis loin d'être le seul à le rappeler. C'est sous-jacent, depuis le début du siècle dernier. On a exprimé la réduction de la populatioon mondiale comme un besoin, et aujourd'hui, on assiste à la mise en œuvre de ce projet. Face à la surpopulation, eh bien il faut « écrémer » ! Mais la gouvernance ne le fera pas en érigeant des camps de concentration, ce n'est pas la technique américaine. Elle va empêcher de procréer. On réduit en empêchant les femmes de procréer, et en rendant les hommes stériles. Mais tout cela c'est, comme je l'ai dit, une politique que l'on connaît depuis les années 1920 où l'on parlait déjà ouvertement de ce sujet. On pensait alors que les guerres étaient très utiles, parce qu'elles permettaient de réduire la population et de régénérer l'économie. Aujourd'hui, la politique faite par ceux qui dirigent le monde a pour postulat la réduction de l'humanité. La Chine l'a déjà fait. La Chine a été la première à mettre en œuvre une réduction de sa population, avec la politique de l'enfant unique. Les membres de cette gouvernance mondialisée ne veulent plus de 8 milliards d'êtres humains, parmi lesquels il y a 3 milliards qui sont, à leurs yeux, d'une totale inutilité. Là aussi, ils ne s'en cachent pas. Attali l'a dit, Klaus Schwab l'a dit, Davos l'a dit. Quand Mme Lagarde s'autorise à détailler le coût des personnes âgées et des vieillards, c'est très explicite. Voyez comment on a encouragé l'utilisation du Rivotril® dans les Ephad. N'importe quel médecin, en Ephad ou ailleurs, en présence d'une personne présentant des signes apparentés à la Covid, comme la toux, a été autorisé, tout seul, à pratiquer une injection de Rivotril®[1]. Qu'est-ce que le Rivotril® ? C'est une molécule de la classe des benzodiazépines, c'est-à-dire un sédatif puissant, un puissant dépresseur respiratoire, surtout en injectable. Si une personne âgée souffrait de troubles respiratoires, était-il bien raisonnable de lui en administrer ? Dans le cas des vieillards qui touchent une pension de retraite, et qui vivent pendant des années et des années en utilisant une richesse, le coût d'un versement de retraite par rapport à la production de richesse d'un retraité est nettement supérieur. Donc ce que l'on veut, c'est une population active, et active le plus longtemps possible. C'est, à mon avis, le vrai sens de l'augmentation de l'âge de la retraite.

Nous sommes en train de devenir ce que je n'aurai de cesse de répéter, nous sommes en train de devenir des objets du droit. La lutte, c'est pour que l'homme reste un sujet de droit, que l'homme puisse conserver sa dignité d'être humain.

H. L. : *Quand on voit, à travers la gestion de la Covid, la relative aisance avec laquelle on a monté de toutes pièces une escroquerie mondiale à des seules fins politiques et financières, on a du mal à ne pas redouter une médecine de demain, totalitaire, totalement confisquée par l'industrie et la politique, essentiellement animée par le profit, au détriment de l'individu, de son libre choix, de sa dignité et de sa santé. Comment espérer échapper à une telle dictature ? Et quelle marge de manœuvre avons-nous ?*

---

1. « CONTRE-INDICATIONS DU MÉDICAMENT RIVOTRIL® / Ce médicament ne doit pas être utilisé dans les cas suivants : / insuffisance respiratoire grave ». https://www.vidal.fr/medicaments/gammes/rivotril-8874.html.

C. A. B.: En l'état actuel des choses, nous n'avons aucune marge. Je ne suis pas très optimiste, je suis réaliste. Le problème qui se pose, c'est que, quand on était dans la sidération, on a réussi à faire sortir des gens de la caverne. Depuis les élections de juin 2022, on est repartis dans une forme de routine d'avant la Covid dans laquelle on avait l'impression de vivre toujours dans une démocratie. Et c'est cela, le problème. Faire sortir les gens de la caverne quand ils ne sont pas en sidération, en état d'oppression, en état d'étouffement, en train de craindre pour leur vie, c'est très difficile. On est, à présent, dans une sorte de maillage silencieux. Les dirigeants continuent à coudre, mais en évitant de te piquer avec l'aiguille. Mais le théâtre continue. On crée un Conseil national de la refondation[1], on vend de la fumée, et, en attendant, ils continuent leur bonhomme de chemin, avec toujours plus de contrôle et de mainmise sur la population. Dans le cadre de la médecine, c'est exactement pareil. Ce qu'ils veulent, c'est un système de santé déshumanisé, littéralement, c'est-à-dire où l'humain disparaît; et cela au profit d'un système rationalisé, informatisé, algorithmique, beaucoup plus rentable et totalement sous leur contrôle, totalement sous le contrôle de Big Pharma et des datas, totalement sous le contrôle de la gouvernance. Mais cette logique de déshumanisation est déjà d'usage dans bien des domaines. Je vais vous donner un exemple qui relève du domaine du droit. Il existe un logiciel de justice prédictive. Vous exposez un problème de droit dans le logiciel, et l'algorithme, qui a été conçu de manière à aller rechercher toutes les décisions mémorisées de premières instances et d'appels, va vous dire, selon la jurisprudence, quelles sont vos probabilités de gagner ou de perdre. Au Royaume-Uni,

1. Le Conseil national de la refondation est un organisme créé le 8 septembre 2022 par le président de la République Emmanuel Macron.

en dessous de 10 000 £ d'enjeu financier, vous ne voyez plus de juge. Vous envoyez les actes, et vous recevez le jugement. En Estonie, vous avez la justice prédictive jusqu'à 10 000 €, et si vous souhaitez un juge en personne physique, vous devez payer 3 000 € supplémentaires. C'est comme ça qu'ils veulent procéder aujourd'hui dans le domaine de la justice : faire en sorte que ce ne soient plus les juges qui rendent les décisions. Eh bien, nous avons le même phénomène avec la médecine. Le projet, c'est qu'il n'y ait plus d'interfaces avec le médecin. Il y a, chaque année, un colloque qui est organisé à Chamonix et qui s'appelle la CHAM (Convention on Health Analysis and Management). L'objectif, c'est de réfléchir à la transformation des systèmes de santé. Vous avez là le ministre de l'Économie, le président de la République, le patron de Pfizer, les patrons d'Amazon, Google, Microsoft. Autant vous dire que, si ces gens-là se déplacent, ce n'est pas pour parler de tisane à la camomille. Ils sont là parce qu'ils sont en train de mettre en place ce qu'ils appellent la « e-santé », avec à la clé, des enjeux financiers absolument considérables. La e-santé, c'est quoi ? C'est le système de santé du « tout-connecté », un monde où l'humain consultant et l'humain consulté vont disparaître, remplacés par des programmes supervisés par des ordinateurs. Vous rentrez des paramètres, et on vous sort une prescription. Mais, à l'instar du programme de justice prédictive, c'est déjà comme cela aujourd'hui en médecine. Le docteur Louis Fouché rapportait, lors d'une conférence, une discussion qu'il avait eue avec l'une de ses collègues, infirmière à Grenoble. Elle lui confiait qu'elle travaillait avec une valise d'objets connectés – un ECG connecté, un tensiomètre connecté, une webcam – et que son métier, à présent, c'était de connecter les patients à un médecin, dans une tour à Grenoble, qui regardait tout ce compte rendu sur un écran et en sortait une prescription. C'est cela, l'avenir ;

en tout cas, l'avenir qu'ils veulent pour nous. C'est une médecine de machines pour des machines, une médecine qui nie l'essentiel, c'est-à-dire l'échange, l'écoute et surtout la spécificité de chacun. À symptôme égal, est-ce que ce qui est bon pour moi est nécessairement bon pour vous ? On est en pleine hérésie médicale ! C'est une médecine qui rejette toute notion de terrain, qui plus est toute prise en cause de la maladie comme reflet extérieur d'un déséquilibre intérieur incluant la psyché. Je rappelle le serment d'Hippocrate : « Mon premier souci sera de rétablir, de préserver ou de promouvoir la santé dans tous ses éléments, physiques et mentaux, individuels et sociaux. » Je rappelle aussi qu'il y a 18 000 personnes qui meurent en France chaque année par prise de médicaments[1]. Comment peut-on imaginer une seule seconde qu'un ordinateur pourrait améliorer ces chiffres ?! Et puis quelle latitude pour se retourner, voire porter plainte, contre un logiciel de santé ? Dans une médecine où l'individu référent a disparu, une médecine fondée sur des programmes et des algorithmes, plus personne n'est responsable. Mais, pourvu qu'ils fassent encore plus de bénéfices, ils s'en fichent. En réalité, leur intérêt pour arriver à ce passage à une e-santé déshumanisée, c'est justement de faire effondrer le système actuel, de faire en sorte que l'on manque de médecins, que les hôpitaux soient de plus en plus surchargés au point qu'on les liquide. 4 300 lits supprimés en pleine crise Covid ! Ahurissant ! Mais ce n'est rien d'autre que la démonstration de cette volonté d'effacer l'ancien système et d'en créer un nouveau totalement aux mains de Big Pharma et de la gouvernance. On gardera l'hôpital, avec un coût minimal, et il y aura une santé

---

1. https://www.ouest-france.fr/sante/addictions/drogues/video-medicaments-plus-de-10-000-morts-par-an-a-cause-d-un-mauvais-usage-d5924a03-1be7-4d11-8f2c-903d23e4119f.

privée et une santé qui fonctionnera par téléconsultation, sachant qu'à terme on connaîtra déjà, par le mécanisme du graphène et du code alphanumérique, votre tension, votre taux de cholestérol, etc. Nous sommes dans Orwell[1], avec quelque chose qu'Orwell ne pouvait pas imaginer lorsqu'il publia, un an avant sa mort, son ouvrage *1984* : le numérique ! Pour le reste, dans cette magnifique dystopie, il a vu tout juste.

Si on ne fait rien, si on ne parvient pas à réagir, on va se retrouver, de fait, avec une médecine totalitaire où sera banni tel médicament, ou tel savoir-faire, soit parce qu'il n'est pas assez rentable, soit parce qu'il fait de l'ombre à l'industrie et aux directives de la gouvernance ; et c'est ce à quoi on a assisté durant la crise Covid, avec l'interdiction scandaleuse de prescrire en ville des médicaments qui auraient pu sauver des milliers de personnes, tels que l'hydroxychloroquine ou l'ivermectine. À terme, c'est l'acupuncture, c'est la phytothérapie, c'est l'homéopathie, ce sont toutes ces médecines ciblées, intelligentes et qui ont fait leurs preuves qui sont vouées à disparaître. Et cette éradication a déjà commencé par exemple avec l'annonce, le 26 octobre 2022, de l'exclusion du site Doctolib – la plus grande plateforme de rendez-vous en France dans le secteur médical – de 6 000 praticiens exerçant dans le domaine de la naturopathie, de la sophrologie ou de l'ostéopathie. Tous bannis, du jour au lendemain[2] !

Savez-vous qu'aujourd'hui, en France, non seulement on ne trouve quasiment plus d'herboristerie, mais qu'en plus il est interdit à un herboriste de vous conseiller sur une plante ? L'herboristerie, les molécules des plantes, c'est la base de la médecine. Le tartre

1. George Orwell, *1984*, *op. cit.*

2. https://www.passeportsante.net/fr/Actualites/Nouvelles/Fiche.aspx?doc=pourquoi-doctolib-va-supprimer-pres-6-000-praticiens-application.

dentaire de fossiles néandertaliens datant de 50 000 ans contenait des traces de camomille qui est un puissant anti-inflammatoire, riche en flavonoïdes[1]. Je ne dis pas qu'il faut se soigner comme au temps de l'homme des cavernes, mais il y a là toute une histoire, tout un bagage de connaissances, un savoir sensé, éprouvé, efficace et fonctionnel, pour lesquels des générations et des générations de femmes et d'hommes ont consacré leurs vies depuis la nuit des temps, et qu'il serait totalement insensé de mettre à la poubelle de l'Histoire d'un coup de logiciel et d'adjuvants chimiques, au seul et exclusif profit d'une micro-élite. A-t-on envie d'arriver à un système de santé où une poignée d'ultra-milliardaires dicteront aux masses comment se soigner, avec quoi, et dans un éventail de choix réduit à leurs propres intérêts, puisque ce seront eux qui superviseront toute la chaîne du soin ? Qu'est-ce qui nous empêche de penser qu'ils pourront tout à loisir jouer à la fois les pyromanes et les pompiers, c'est-à-dire créer des virus et des maladies et proposer l'antidote exclusif ? Qu'est-ce qui, du reste, nous empêche de penser que ce n'est pas ce à quoi nous avons assisté avec l'apparition du virus Sars-Cov-2, quasiment comme une répétition générale ? J'étais à Rome, la semaine dernière, où j'ai rencontré le professeur Tritto. Le professeur Joseph Tritto est un expert international en biotechnologie et nanotechnologie, et il est celui qui a sûrement écrit le plus grand ouvrage de référence sur la crise Covid, un ouvrage intitulé *Cina Covid-19: la chimera che ha cambiato il mondo* (« Chine Covid-19. La chimère qui a changé le monde[2] »). À travers ses travaux, il est parvenu aux

1. https://www.geo.fr/environnement/l-homme-de-neandertal-pionnier-de-l-automedication-171477.

2. Joseph Tritto, *Cina Covid-19 : la chimera che ha cambiato il mondo*, Cantagalli, 2020.

mêmes conclusions scientifiques[1] que celles du professeur Luc Montagnier, prix Nobel de médecine en 2008 pour avoir découvert le VIH (le virus responsable du sida) en 1983, à savoir que l'on trouve à l'intérieur du Sars-Cov-2 de petits inserts de résidus d'acides aminés, et que la présence de ces inserts dans un virus développé dans la nature ne pourrait jamais se produire. Ce sont cinq aminosides qui ne peuvent qu'avoir été structurellement intégrés en laboratoire. On a donc affaire à un virus trafiqué, et, sur ce sujet, le compte rendu scientifique du professeur Montagnier est probant, bien qu'il n'ait pas fait l'unanimité auprès de la communauté scientifique et ait été discrédité par les médias.

Il faut étudier. Les gens n'étudient pas. On nous a raconté que c'était l'histoire d'un pangolin qui rencontrait une chauve-souris. Moi, ça me donne envie de faire une fable de La Fontaine. Le problème, c'est que la grotte où ils ont identifié la chauve-souris est à 1 100 km de Wuhan. Or la chauve-souris est un animal qui ne sort que la nuit, qui est capable de parcourir au maximum 450 km avant de revenir, comme elle le fait toujours, à sa grotte, à sa tanière. Donc elle n'aurait pas pu voler jusqu'à Wuhan ; et en Chine, on ne capture pas les chauves-souris. Quant au pangolin qui aurait mordu l'être humain, ça, c'est merveilleux ! Le pangolin est un animal qui n'a pas de dents ! Et même s'il avait été consommé, le virus aurait été détruit à la cuisson. De ce fait, ces théories sont totalement absurdes.

1. Luc Montagnier, sur Cnews, le 17 avril 2020 : « Nous en sommes arrivés à la conclusion qu'il y a eu une manipulation sur ce virus. Une partie, je ne dis pas le total. Il y a un modèle qui est le virus classique, mais auquel on a ajouté par-dessus des séquences du VIH. »
https://www.francesoir.fr/societe-sante/covid-19-lorigine-du-virus-lanalyse-du-pr-tritto-confirme-celle-du-pr-montagnier.

Il est urgent d'arrêter d'être dupe, urgent d'étudier et d'ouvrir les yeux. La vaccination a permis de piquer tout le monde (ou presque) et d'utiliser un moyen dont l'apparence est magnifique : le sauvetage de l'humanité, la protection de ta santé et de la santé des autres. Donc la stratégie est toujours la même : on utilise des valeurs comme l'amour et la bienveillance pour mieux – restons polis – berner tout le monde par-derrière. Regardez bien ce qui est apparu très rapidement avec la crise Covid, presque comme une urgence absolue : la mise en place du QR code. Le QR code, c'est un mécanisme dialectique : si tu ne fais pas la troisième dose, on te désactive. Désactiver un QR code, c'est désactiver la capacité d'agir d'une personne. Si je désactive ton QR code, tu ne peux plus aller au restaurant, tu ne peux plus voyager, tu ne peux plus sortir. Le QR code a été un test grandeur nature de la société telle que souhaitée par la gouvernance. Le QR code est un code numérique, et l'ensemble des informations qui relèvent de ta personne va être siphonné et envoyé vers un unique réservoir. Ce que l'on constate aujourd'hui, c'est que tout le système qui est mis en place est un système dans lequel on souhaite obtenir le maximum d'informations, en arrivant à une forme d'individualisation qui n'était pas envisageable par le passé. Voyez le système de reconnaissance faciale pour le passeport biométrique. Le passeport biométrique est invasif. La pièce d'identité traditionnelle avec la photo n'était pas invasive. Aux États-Unis, on ne demande plus le passeport, tout se fait par reconnaissance faciale. Imaginez que vous ayez écrit un article qui ne soit pas favorable aux États-Unis, qui ait été publié sur les réseaux sociaux et qui, par le truchement des algorithmes, se retrouve sur votre identité : vous ne rentrez pas aux États-Unis ! Ce besoin de surveillance et de contrôle s'est infiltré dans tout notre quotidien, très souvent à notre insu et dans des domaines aussi banals et insoupçonnables que l'eau, le gaz ou l'électricité. Le compteur Linky, par exemple, fait partie du mécanisme de regroupement des informations. Jusqu'ici, le compteur électrique n'était qu'un relevé statique de votre consommation d'électricité, un relevé tous les deux mois, qui servait à attester que vous aviez consommé tant de kilowatts. On achetait de l'électricité comme on achète des pommes. Mais, avec le Linky, ce n'est plus du tout pareil. Le Linky devient un spectromètre. Et ça change tout. Là, on sait combien vous consommez, quand vous le consommez, comment vous le consommez, à quelle heure vous êtes présent ou non, etc. On a donc une spectrométrie de votre manière de vivre, on commence à accumuler un certain nombre d'informations qui permettent de créer ce que l'on appelle une « identité énergétique ». À présent, le changement d'ampérage de votre compteur, comme la capacité de le bloquer, de vous bloquer dans votre consommation, pourra être effectué, sans problème, à distance. Linky, et derriere lui l'État, détient le robinet. C'est déjà un rapport dialectique entre un donneur d'ordre et l'hôte, le foyer. On n'est plus dans un système statique, on est dans une communication dynamique. Linky devient un collecteur d'informations et s'intègre dans le mécanisme de contrôle individualisé, au profit d'un siphonage unique dans lequel seront réunies toutes les informations vous concernant. Avec l'identité numérique, les informations récoltées s'associent aux autres informations entre consommations commerciales, achats, médecine, énergie, et là on obtient une entité numérique complète : on sait comment vous vivez, ce que vous mangez, ce que vous buvez, votre situation de santé, etc. Mais s'il ne s'agissait que de connaître cela !… En réalité, le vrai but, c'est de passer à une étape supplémentaire : que toutes ces informations soient récoltées et stockées à l'intérieur de votre propre corps et que l'on puisse y accéder, *via* le graphène, avec les ondes térahertziennes pour le programmer. Dans quel intérêt ? Les trois éléments les plus importants pour le pouvoir et la gouvernance sont les suivants.

Tout d'abord, la réduction progressive de la population, notamment en réduisant la natalité et en affectant le cycle des femmes par la protéine Spike[1].

Deuxièmement, le contrôle par un système de commerce ciblé. Il s'agit de connaître les goûts et les besoins spécifiques de chacun. C'est le contrôle individualisé dans un intérêt commercial. C'est très important, parce que cela conditionnera l'avenir de toute l'économie. Les magasins vont disparaître. Il y a un élément fondamental qui va changer : ce n'est plus le client qui ira au commerce, c'est le commerce qui ira au client directement sur son portable ; et vous noterez que c'est déjà largement le cas.

Enfin, troisième élément : le contrôle par la soumission. C'est pour cela que le fameux brevet sur l'état émotionnel[2] est très important. Avec cela, on peut savoir qu'un groupe est en train de se former, un groupe qui aurait des états émotionnels particuliers, des ressentiments particuliers, que l'on va qualifier de « virtuellement dangereux », et sur lequel on va pouvoir intervenir. Ces gens-là sont de potentiels « gilets jaunes », et « les gilets jaunes » ont fait peur, mais pas seulement à la France. Ils ont fait peur jusqu'en Amérique et à tous ses fiefs européens. Pourquoi la France est-elle si importante ? Parce que la France est un endroit où il y a le niveau culturel et révolutionnaire le plus puissant d'Europe. La France, c'est Vercingétorix, 1789, Mai 68 qui a balayé de Gaulle, qui a bouleversé une culture qui était devenue

1. Un péplomère est une glycoprotéine prenant la forme d'un « pique » sur une capside virale ou enveloppe virale retrouvée chez les virus. https://www.encyclopedie.fr/definition/p%C3%A9plom%C3%A8re.
2. https://patents.justia.com/patent/11120477.

obsolète, qui a donné une réelle impulsion à la lutte des femmes, un mouvement culturel qui a généré la liberté. Et tout cela, vous ne trouvez pas l'équivalent en Europe.

Le rêve absolu du pouvoir et de la gouvernance, c'est, avec la puissance algorithmique, de parvenir à maîtriser et contrôler le peuple entier ; en étant alerté, à tout moment, du moindre écart du moindre individu.

H. L. : *Un certain nombre de médecins, souvent regroupés en collectifs, proposent des protocoles qui semblent fonctionner, afin d'éliminer dans le corps le graphène induit par le vaccin. On aurait vu ainsi des taux de D-dimères*[1] *extrêmement élevés revenir à la normale. Pourriez-vous nous en dire quelques mots ?*

C. A. B. : Je ne parle que de ce que je connais et que je maîtrise. Ce que je maîtrise, c'est le caractère criminel d'une injection de graphène. Comment, matériellement, s'en débarrasser, ce n'est pas de ma compétence. Je n'ignore pas qu'en effet il existe des collectifs qui proposent des protocoles, et je sais que c'est le cas par exemple d'une association comme l'Alliance Humaine Santé International et son site ah-si.org qui vous met en relation avec des médecins sur le sujet. Pour autant, je ne saurais me porter garant à leur place. Une bonne partie de mon travail a été de mettre en garde les personnes contre ce pseudo-vaccin, sans jamais néanmoins perdre de vue le nombre considérable de ceux qui ont été contraints, sous peine de perdre leur emploi, sous peine de ne plus pouvoir subvenir aux besoins de leur famille. Ce fut – et cela reste

---

1. Ce sont des fragments de fibrine, la principale composante des caillots sanguins, et sont normalement présents en très faible quantité (moins de 230 nanogrammes par millilitre de sang [ng/mL]). https://www.biron.com/fr/glossaire/d-dimeres.

encore – un chantage totalement contraire au respect de la dignité humaine, contraire à la libre disposition de son corps, contraire aux principes fondamentaux du consentement libre et éclairé tels qu'inscrits dans le Code civil et la loi du 29 juillet 1994[1].

C'est à chacun, à présent, d'explorer ce qu'il juge bon d'entreprendre pour se prémunir de toutes sortes d'effets indésirables. Vous avez évoqué les D-dimères. Il est avéré qu'un taux de D-dimères élevé est une forte suspicion de thrombose et de micro-thromboses disséminées dans le corps[2]. Bien qu'il augmente avec l'âge, un taux normal se situe aux alentours de 500 ng/mL. Chez des personnes vaccinées, on a trouvé communément des taux au-dessus de 1 000 ng/mL ou 1 500 ng/mL. Ce sont souvent des gens qui se disent simplement fatigués, mais qui présentent une protéine C-réactive (CRP) – indicateur inflammatoire –, également très élevée. Le taux de D-dimères peut être insignifiant quelques jours ou semaines après la vaccination, mais c'est un taux qui peut exploser des mois après, d'où l'intérêt d'y regarder de près.

Je voudrais ajouter sur le sujet que, récemment, dans le journal international *The Epoch Times*[3], deux microbiologistes de renom, le docteur Michael Palmer et le docteur Sucharit Bhakdi ont

1. Code civil, Chapitre II : Du respect du corps humain, article 16-3. (Création Loi n°94-653 du 29 juillet 1994) : « Le consentement de l'intéressé doit être recueilli préalablement hors le cas où son état rend nécessaire une intervention thérapeutique à laquelle il n'est pas à même de consentir. »
https://www.legifrance.gouv.fr/codes/id/LEGISCTA000006136059.
2. https://www.passeportsante.net/fr/Maux/analyses-medicales/Fiche.aspx?doc=analyse-d-dimeres-sang.
3. https://www.theepochtimes.com/health/irrefutable-proof-study-on-mrna-vaccines-causing-damage-doctors-respond-to-who-fact-checking-branch_4745184.html.

démontré, images à l'appui, ce que de nombreuses éminences scientifiques ont toujours dit, à savoir que l'ARN ne reste pas au niveau du point d'injection, mais qu'il se propage partout dans le corps, et s'accumule dans différents organes comme le cœur, le foie, la rate, les ovaires et les testicules. Si je dis « images à l'appui », c'est qu'ils ont mis en place un procédé permettant d'obtenir des clichés de coloration immunochimique qui montrent de façon irréfutable la propagation de la protéine Spike induite par le vaccin, provoquant une inflammation de type auto-immune pouvant sérieusement endommager les organes, en particulier les vaisseaux sanguins.

POLITIQUE, LE DÉFERLEMENT TOTALITAIRE

L'Absurdistan. Ainsi fut rebaptisée, dans le monde entier, notre belle patrie des droits de l'homme, devenue, sous la houlette du président Macron, la patrie du café assis et non debout. Quelle gloire ! Dans le même temps, en plus de 2 813 milliards[1] de dette publique et 11 millions de pauvres, c'est à coups d'éborgnages tous azimuts et de censure généralisée que nous sommes passés du statut de « démocratie complète » à celui de « démocratie défaillante » (index *The Economist*[2]), soit une descente au 24e rang mondial. Comment s'en étonner, quand M. Véran déclare, le 25 novembre 2021 : « Être libre, c'est être libre d'obéir, au risque d'être mis au ban de la société. » Existe-t-il plus belle définition de la dictature !

Pourtant, nous sommes bien en France, en 2023, et ce Monsieur, reconduit, est porte-parole d'un gouvernement.

H. L. : *Tout au long de l'épisode Covid, manifestement, l'objectif de ce gouvernement a été de maintenir les gens dans la peur afin de mieux*

---

1. https://www.lefigaro.fr/conjoncture/la-dette-publique-francaise-a-atteint-112-5-du-pib-fin-2021-20220531.
2. https://www.rtl.fr/actu/politique/pourquoi-la-france-est-elle-classee-parmi-les-democraties-defaillantes-7900000356.

les contrôler. Comme le dit André Bercoff: « Un tétanisé ne réagit plus. Il obéit. » Ce n'est pas sans évoquer le témoignage de Göring au tribunal de Nuremberg. On lui a demandé: « Comment avez-vous convaincu le peuple allemand d'accepter tout cela ? » Il a répondu: « La seule chose à faire pour rendre esclaves les gens, c'est de les effrayer. Si vous imaginez comment effrayer les gens, vous pouvez leur faire faire ce que vous voulez. » Un tel procédé – faire peur aux gens, les effrayer – est un acte de manipulation mentale et de torture psychique, lourd de conséquences. À partir de quand peut-on considérer qu'il n'est plus admissible, au point de devenir délictueux ?

C. A. B.: La limite tangible, c'est quand les personnes perdent leur capacité de décision. Dès le moment où l'on parvient à faire cela, on est dans le mécanisme de la peur. Aujourd'hui, vous voyez encore des gens qui portent le masque alors qu'ils n'y sont plus obligés, mais parce qu'ils ont peur. Le travail d'anéantissement de la liberté, c'est la peur. Le passe n'a pas simplement imposé aux personnes de se faire vacciner, il a contribué, de manière forte, au maintien de la peur. Il a été le rappel constant à la peur. On ne peut pas aller devant un juge et dire: « Ce gouvernement nous manipule », c'est irrecevable. Par contre, si j'apporte la preuve que ce ne sont pas des vaccins – parce que, juridiquement, ça n'en est pas –, je peux montrer alors que c'est de la manipulation. J'utilise l'infraction pénale de tromperie pour arriver à prouver la manipulation; mais la manipulation en tant que telle, c'est le psychanalyste qui peut la démontrer, ce n'est pas mon rôle, et je ne peux pas faire sanctionner la manipulation en tant que telle. Ce qui démontre que nos dirigeants sont sûrs d'eux, c'est qu'ils ont une maîtrise de la justice. La justice n'est pas un pouvoir, elle est une autorité, et une autorité qui peut être contrôlée par l'inspection générale. C'est le décret n° 2016-1675 du 5 décembre 2016[1].

1. https://www.legifrance.gouv.fr/loda/id/JORFTEXT000033538164.

On n'a pas une justice indépendante et libre, on a des juges qui sont soumis, qui sont sous le contrôle de cette inspection générale de la justice, qui a le droit de contrôler l'activité de chaque tribunal et qui, trouvant tel rendu défavorable au gouvernement, peut prétexter à l'intention de l'un ou l'autre juge: « Vous avez rendu des jugements qui ne sont pas formidablement rédigés, on vous enlève le tribunal de grande instance de Paris, et on vous envoie dans les campagnes, ou bien vous allez faire juge de proximité en Guyane. » C'est comme cela que ça fonctionne, cher ami. C'est pour cette raison que, quand tu n'as pas de justice, il te manque un troisième pouvoir. Quand tu n'as pas un organe démocratique qui contrôle la presse et les médias, tu as des médias qui sont à ta botte. Bien sûr, tu peux créer un organisme comme l'Arcom, mais ça ne change rien. Les autorités administratives « indépendantes », c'est à mourir de rire ! La contradiction est intrinsèquement liée à la définition. Comment peut-on avoir une autorité administrative indépendante de l'administration ? Ce n'est évidemment pas possible, parce qu'une autorité administrative dépend de l'exécutif, donc il n'y a aucune indépendance. Ce sont des fonctionnaires, des cadres qui sont payés par l'État, et qui n'ont aucune fonction indépendante.

Nous assistons à une destruction progressive de notre démocratie et de notre République. Nous voyons très bien que tout ce qui conditionne, aujourd'hui, le fonctionnement des démocraties, ce sont les institutions les plus draconiennes. C'est plutôt la Chine qui inspire l'Europe que l'Europe qui inspire la Chine. C'est la Chine qui a fait les confinements dont nous nous sommes inspirés pour nous battre contre la Covid-19, alors même que c'était une aberration. On s'est inspirés des pires régimes dictatoriaux tyranniques et impérialistes pour fonctionner en démocratie !

La Constitution de 1958 a été construite pour écarter le peuple de la gestion de la chose publique. C'est une Constitution monarchique par essence. Ce n'est pas une Constitution qui est faite pour que le peuple accède à la gestion du pouvoir. Le peuple croit qu'en allant voter, il a exercé sa faculté démocratique. Erreur! La démocratie existe, en dehors du vote, quand le peuple participe à la gestion de la cité. Un exemple qui va vous faire réfléchir. En cour d'assises, le peuple est présent. Neuf jurés sont là, avec le système du tirage au sort. Or la cour d'assises est une des rares institutions qui font très peu d'erreurs judiciaires. Dans l'affaire Dutroux, c'est la cour d'assises qui sauve la justice d'un naufrage monstrueux, parce qu'il y a le peuple qui est présent et qui émet des doutes sur les déclarations. Or, si le peuple français a la capacité par simple tirage au sort de venir juger les affaires les plus graves, pour quelle raison le peuple français ne pourrait-il pas siéger dans toutes les institutions démocratiques, au Conseil supérieur de la magistrature, au Conseil constitutionnel, dans toutes les autorités administratives indépendantes? C'est un point fondamental. Car si, aujourd'hui, dans les autorités administratives indépendantes, il y avait des représentants du peuple, ça changerait complètement. Mais, en réalité, on est dans un théâtre. On a créé des autorités administratives indépendantes, mais qui ne sont en réalité qu'apparences trompeuses. Il faut être conscient du fait que tout est dans les mains de l'exécutif, y compris la justice. Pour avoir un pouvoir, il faut que ce pouvoir existe avec une entité autonome. Mais ce n'est pas le cas. Je vous rappelle que les juges sont rattachés au ministère de la Justice, que l'on appelle l'« autorité » judiciaire, et non le « pouvoir » judiciaire. Les mots ont leur importance, et leur sens. C'est pour cette raison que je crois au peuple, au pouvoir avec et pour le peuple, un peuple réveillé et éveillé. Le dernier mouvement populaire que nous avons connu et qui a fait peur, ce sont les « gilets jaunes ». Quand vous avez le peuple qui bouge, quand vous avez un ou deux millions de personnes dans la rue, là ça fait peur. Encore faut-il que le peuple souhaite se mobiliser, réclamer sa participation réelle au jeu démocratique, et créer un mouvement de refondation républicaine.

H. L. : *On est toutefois atterré par la propension d'une grande majorité de la population à se plier à des ordres absurdes et criminels, en dépit de tout bon sens et de toutes les données librement accessibles, factuelles et irréfutables qui plaident pour l'évidence d'une totale manipulation. Comment peut-on arriver à un tel déni et se soumettre à ce point ?*

C. A. B. : Écoutez, l'autre jour, j'étais dans le train. Pas un bruit. Chacun dans sa bulle, les uns avec l'ordinateur à regarder un film, les autres avec le smartphone ou encore avec le casque à écouter de la musique. On n'entendait pas une mouche voler. Il faut savoir qu'aujourd'hui, dans un train, si tu parles, quasiment tu déranges ! En face de moi, une famille. Le papa sur son smartphone, la maman sur son smartphone, et la fille avec le casque sur les oreilles. Et, durant tout le trajet, de Paris à Avignon, il n'y a pas eu un seul échange de mots. Et ça, c'est terrible, c'est une désolation monstrueuse ! Ce que je veux dire, c'est que le terreau est déjà fertile. Le travail qui a été fait de conditionnement mental, il a été préparé depuis des années. On a installé toutes les conditions pour que les gens soient divertis, littéralement décentrés d'eux-mêmes, amenés à ne plus penser par eux-mêmes. Le monde du tout-connecté, c'est le monde du tout-déconnecté de l'humanisme. Et c'est ce monde que l'on veut nous imposer. Si tu ajoutes l'incroyable matraquage médiatique aux ordres de la gouvernance, ils font ce qu'ils veulent. C'est George Orwell, *1984* : « Nous allons vous presser jusqu'à ce que vous soyez vide, puis nous vous remplirons de nous-mêmes[1]. » Nous avons affaire à des gouvernements

1. George Orwell, *1984*, *op. cit.*, p. 362.

de destruction massive. On est en train de vivre un effondrement sans précédent de la culture, du savoir, de la connaissance et de l'instruction. Le livre, la lecture disparaissent. Le livre, c'est ce qui favorise l'analyse, la réflexion, la connaissance et la concentration. Ils sont quasiment en train de disparaître au profit de l'image, une consommation à l'excès de l'image. Toute une jeunesse – la même qui s'abstient de voter à 80 %[1] – vit sa vie par procuration, *via* les écrans. On est dans la jouissance de l'immédiat et l'évitement de toute souffrance. Il y a une fuite absolue du réel au profit du virtuel. Il faut du consommable, rapide, immédiat. Quand on est rivé comme cela aux écrans, quel espace peut-on avoir pour une introspection ? Comment peut-on méditer sa vie ? Comment peut-on réfléchir à son existence ? Comment être à l'écoute de ce qui nous relie à plus grand que soi ? Comme le dit très bien la psychologue Ariane Bilheran, nous sommes dans une société dégénérée, malade, qui a profondément perdu ses repères, qui ne valorise plus l'être et le sacré, mais la quête invétérée du profane et du divertissement. Une telle société, qui en est venue à confondre authentique et superficiel, pour laquelle tout devient relatif, le bien et le mal, le mensonge et la vérité, une telle société aussi perdue est évidemment la proie parfaite de toutes les manipulations et de tous les totalitarismes[2].

H. L. : *Il n'en demeure pas moins qu'il y a une responsabilité de chacun face à la montée des totalitarismes. On ne peut pas se laver les mains comme ça de ce qu'il adviendra. Rester neutre face à l'injustice et la*

1. « Les taux d'abstention "vertigineux" des précédentes élections régionales et départementales, atteignant plus de 80 % chez les 18-34 ans. » https://www.carenews.com/carenews-info/news/presidentielle-2022-peut-on-contenir-l-abstention-chez-les-jeunes.
2. https://www.youtube.com/watch?v=qMMVIppx-Qw.

tyrannie, est-ce que ce n'est pas le choix passif du camp de l'oppresseur ? Si vous voulez bien, je souhaiterais vous lire ces quelques mots de l'écrivain Primo Levi : « Ça n'a pas commencé avec les chambres à gaz. Ça n'a pas commencé avec les crématoriums. Ça n'a pas commencé avec des camps de concentration... Ça a commencé avec les politiciens qui divisaient les gens. Ça a commencé par des discours de haine, d'intolérance, sur les places et par les médias. Cela a commencé par des promesses et de la propagande. Cela a commencé avec des lois qui distinguaient les gens... Cela a commencé quand les gens ont cessé de s'en soucier, quand les gens sont devenus insensibles, obéissants et aveugles, avec la conviction que tout cela était "normal"[1]. »

C. A. B. : Des mots très forts ! Et vous avez raison. Mais n'oubliez pas que, dès 1939, l'écrasante majorité des Allemands étaient en faveur du nazisme. Il y avait très peu d'opposition, et encore moins de résistants. La résistance, en France, n'a été, au début, que le fait d'une minorité. En vérité, la résistance a toujours été le fait d'un tout petit nombre, d'autant que le système totalitaire fonctionne sur un mode extrêmement pervers. Un despote, un tyran, n'agit jamais seul. Il ne le peut pas. La tyrannie, elle est le fait d'une cour de dix tyrans qui, dans un jeu de contraintes et de récompenses, entraînent des centaines de tyrans, qui à leur tour en entraîneront des milliers, puis finalement des millions d'autres tyrans, tous au demeurant de braves gens qui, après tout, « ne font qu'obéir à la loi », se dédouanant au passage de toute responsabilité, alors qu'ils sont les bras armés de la tyrannie. En réalité, il y a eu deux formes de trauma : le trauma de ceux qui ont cru à la narration officielle et qui ont vécu dans la terreur de mourir à chaque seconde ; et le trauma de ceux qui n'ont pas cru à la narration, mais qui ont été sidérés de voir, à la fois, que des dirigeants dont

---

1. Primo Lévi, *Les Naufragés et les Rescapés : quarante ans après Auschwitz*, Gallimard, 1986.

ils pensaient qu'ils avaient des valeurs et une éthique pouvaient édicter de pareilles mesures, mais aussi sidérés par l'attitude de la population et de leurs proches, se comportant à leur égard comme de petits gestapistes, et les bannissant comme des pestiférés. Le propre des régimes totalitaires, c'est de s'immiscer dans l'intime et de créer la division ! Bon nombre d'entre nous ont été amenés à se demander comment des gens instruits, intelligents, éduqués, ayant fait des études poussées, pouvaient paradoxalement adhérer à ce discours. Je rappelle qu'une majorité d'intellectuels allemands avaient soutenu le nazisme. Je pense que, pour une bonne partie d'entre eux, c'est tout simplement une perte de bon sens, de ce que l'on appelle « le bon sens paysan ». Et ce n'est pas un hasard si c'est dans des terres profondes comme l'Ariège, l'Ardèche ou la Haute-Corse que l'on a observé, en France, le plus de dissidence aux injonctions liberticides, *a contrario* du milieu intellectuel et artistique parisien qui, dans son immense majorité, est resté muet, quand il n'a pas soutenu ouvertement les positions de ce gouvernement.

Il est beaucoup plus facile de vivre dans la soumission que de vivre dans la liberté. Vivre dans la soumission, c'est partager les grandes lignes d'un pouvoir, en tirer un profit ou se suffire des quelques miettes que vous laisse ce pouvoir. Et les gens sont d'accord, parce qu'ils sont entretenus. On les paie pour se taire. On est dans un État où l'on achète la paix et la liberté. Et, s'il n'y avait pas eu toutes les aides qui avaient été versées aux gens, il y aurait eu une révolution, parce qu'aujourd'hui, il y a 11 millions de personnes qui sont dans la pauvreté. Ça, ce n'est pas un état de bonheur, c'est un état de survie. Mais les gens préfèrent survivre que de se battre pour la liberté, parce que se battre pour la liberté a un prix, et même parfois le prix de la vie. Aujourd'hui, quand on constate le nombre de ceux qui sont encore convaincus du bien-fondé de ce que les esclavagistes ont fait pendant trois ans, là effectivement, ça me sidère. Ce n'est pas tant le fait qu'ils aient accepté, mais que, même avec du recul, ils donnent encore crédit à de tels actes. « Oui, ils ont bien fait de nous mettre l'anneau à la cheville ! » Je pense qu'il faut regarder du côté du syndrome de Stockholm. Le kidnappé, il est content quand on lui donne à manger, il remercie. « Je t'ai privé de liberté, tu n'as pas bossé et tu es resté chez toi. Je t'ai enfermé pour ton bien, et je t'ai même donné de l'argent ! Qu'est-ce que tu veux de plus ? De quoi veux-tu te plaindre ? Oui il a raison ! » Certes, avec la peur, ils ont pu perdre leur capacité de discernement, mais une fois qu'ils la retrouvent il y a un phénomène supplémentaire qui s'ajoute : si, aujourd'hui, ceux qui ont la capacité, philosophiquement parlant, de comprendre que ce qu'ils ont vécu est contraire à toutes les valeurs de l'humanité, ce serait la remise en cause totale de leur attitude face aux événements. Ils se sentiraient humiliés par eux-mêmes. « Comment, moi, j'ai pu accepter d'être traité comme le dernier des derniers ? Non, ce n'est pas possible ! » Il y a, dans ce pays, une difficulté avec la vérité, une forme d'arrogance très française qui fait qu'il est très compliqué de dire : « Je me suis trompé. » On peut le comprendre, à certains égards. Quand un vacciné comprend qu'il s'est fait flouer parce que ce vaccin ne protège pas, c'est un peu comme un croyant qui va à l'église et à qui on apprend un jour que Dieu n'existe pas. À l'inverse, pour votre médecin – celui en qui vous avez mis toute votre confiance depuis tant d'années, celui qui vous a exhorté à le croire les yeux fermés –, il est difficile de se renier et d'avouer combien il vous a induit en erreur ! Il en va tellement de son crédit et de sa réputation que, bien souvent, bec et ongles et contre toute évidence, il préférera poursuivre dans le mensonge et le déni. Ce sont l'ignorance et le déni qui mènent à la servitude. La liberté qui a été donnée à l'esclave est une liberté qui a été octroyée par l'autorité. L'esclavage n'a jamais été le fruit d'une conquête. Il n'a pas été une conquête révolutionnaire. Aucune révolution n'a été faite contre l'esclavage. Ce fut une lutte intellectuelle. Ce fut un changement de pensée qui a mis fin à l'esclavage. C'est la lutte de Mandela – de 27 ans d'enfermement physique, mais sans que ses pensées puissent être enfermées – qui a fait qu'il a mis fin à l'apartheid. Mais il n'a pas mis fin à l'apartheid en appelant à la guerre civile. Il a travaillé dans le pardon, un pardon philosophique : « Tu t'es trompé parce que tu n'avais pas la possibilité, dans ta culture, d'agir autrement ; ton esprit était tellement formaté que tu n'as pas pu agir autrement. Je te pardonne, car l'homme que j'ai devant moi, à force de discuter avec moi, à force d'échanger avec moi, cet homme a changé, il a compris et il a participé à la fin de ce régime. » Mandela n'était pas un kidnappé. Il n'est pas tombé dans le syndrome de Stockholm. Il était physiquement enfermé, mais son cerveau ne l'était pas. Le kidnappé, dans le syndrome de Stockholm, c'est quelqu'un qui est soumis physiquement et mentalement. C'est là un point fondamental. En Afrique du Sud, il y a eu, pendant très longtemps, un déni de l'apartheid. Il a été résolu par Nelson Mandela. Il a créé une forme de pardon, une situation du pardon. De même, nous devons créer les conditions pour que les gens sortent du déni, que ce soient les victimes, les politiques, les médecins, les artistes, tous ceux qui ont eu une forme de négation de ce qu'est, et a été, l'épisode Covid.

H. L. : *Certains de vos confrères réunis en un groupement international d'avocats veulent mettre en place un « nouveau procès de Nuremberg » et s'attachent, depuis trois ans, à réunir toutes les pièces justifiant cette démarche. Quelle est votre position à ce sujet ?*

C. A. B. : L'idée d'un « procès de Nuremberg » est quelque chose qui peut être intéressant sur le plan intellectuel, mais qui ne répond pas à ma conception des choses, car on voit très bien que les effets sont limités. Je n'ai rien contre, mais je ne comprends pas son utilité dans le cadre de l'action que je mène. On fait un procès quand on détient des preuves, quand on a fait une instruction et quand on a décidé le renvoi d'une personne devant une juridiction qui a une légitimité dans sa fonction. Créer de toutes pièces une cour spéciale pour juger tels individus que l'on considère être de dangereux criminels pour la société ? Mais sur la base de quoi ? Sur la base de quelle instruction ? Sur la base de quelle enquête ? Sur la base de quel contrôle de légitimité des accusations portées ? Je ne dis pas que ces accusations sont fausses et j'espère, comme le dit le professeur Perronne, que : « Les auteurs de ces articles devront un jour rendre des comptes devant l'humanité[1]. » Seulement, moi, je veux agir dans un vrai cadre d'accusations. Quand je dépose une plainte et que je demande une poursuite judiciaire, je veux m'en référer à des juges qui ont une légitimité. Qu'ils ne l'exercent pas, c'est autre chose. C'est pour cela que nos plaintes sont ouvertes au plus grand nombre, afin de faire comprendre aux juges que ce n'est pas seulement Brusa qui porte cette plainte, mais c'est le fait d'un très grand nombre de personnes. Et là, on retrouve une légitimité ! S'il y a un renvoi devant le tribunal correctionnel, tu as un organe qui s'appelle « le juge », qui a été chargé par la société d'effectuer cette fonction et qui est une garantie. S'y soustraire, c'est même dangereux. Le procès de Nuremberg était déjà discutable, parce qu'ils étaient 24 accusés, alors qu'il y avait pléthore de gens qui n'ont pas été poursuivis. Mais il fallait faire vite, pour tourner la page. Plus qu'un procès, ce fut un acte politique !

1. https://www.youtube.com/watch?v=It55DbJ-mFk (37'32).

H. L. : *Ne vous semble-t-il pas que l'on a mis à mal, et pour longtemps, ces valeurs fondamentales qui soudent un peuple, que sont la solidarité, le respect, l'écoute, la bienveillance, l'amour et l'amitié ?*

C. A. B. : Je vous dirai exactement le contraire. Ils pensaient pouvoir porter l'estocade finale, et ils n'ont pas pu. Ils ont été empêchés. Cela m'évoque un peu la guerre du Vietnam. Les Américains – pourtant la plus grande puissance au monde, avec des avions de chasse, des hélicoptères, le napalm, des militaires surentraînés, des cuirassés, des porte-avions – perdent la guerre. Et ils perdent la guerre parce que les Viêt-cong, au lieu de se défendre à découvert, creusent des tunnels et créent une espèce de ruche sous terre ; et c'est comme cela qu'ils finissent par gagner. En réalité, nous, à notre façon, nous avons creusé des tunnels en utilisant les réseaux. Bien sûr qu'ils nous ont censurés et ont tenté de nous empêcher de parler par tous les moyens. Ils fermaient notre réseau, on en créait un autre. J'ai été interdit sur Facebook. Mon compte Twitter a été supprimé, on en a créé un autre. Pour échapper à la censure et aux algorithmes, on a même dû créer des mots codés, tel mot pour dire « vaccin », etc. Et, de cette manière, dans cette lutte incessante, on est parvenus à toucher les gens, on a réveillé la bienveillance, on a réveillé l'amour, on a réveillé la douceur, on a réveillé l'espoir et la solidarité. On a vu partout émerger toutes sortes de collectifs et d'associations qui, comme nous, non seulement ont été autant de grains de sable qui ont enrayé la machine, mais aussi se sont employés à créer la solidarité et le partage. Et ça, c'est formidable ! On a participé à un réveil en disant : « Retrouvez la valeur de votre pensée, de votre autonomie, ne soyez pas soumis, restez libres dans votre tête. Sachez dire non. » Ce choc a réveillé beaucoup de monde. J'ai vu passer un message, hier pendant le direct, qui disait : « Aujourd'hui, je suis d'accord avec vous, Carlo. » Qu'est-ce que cela veut dire ? Que cette personne n'était pas d'accord avec moi, mais elle est d'accord maintenant avec ce que je dis aujourd'hui. Mais ce que je dis aujourd'hui, je le disais déjà hier. C'est une phrase, pour moi, très forte de vérité et de puissance. Elle me touche énormément. Je pense que cette phrase résume tout. Je me dis : « Voilà encore une personne sortie de la caverne, une de plus ! » Quelle merveille, quelle récompense ! Oui, on a réveillé la foi, on a réveillé l'énergie, le courage, l'audace et la dignité !

H. L. : *On connaît les mesures de représailles qui ont été infligées à tous les médecins indociles, y compris à l'encontre de personnalités émérites telles que le professeur Raoult ou encore le professeur Perronne. De votre côté, avez-vous été inquiété par l'ordre des avocats, ou craignez-vous de l'être ? Au-delà, subissez-vous des pressions, voire des menaces ?*

C. A. B. : J'ai été convoqué pour des Tweets que j'ai faits, et pour lesquels on me reprochait un manque de prudence, notamment dans ma forme de langage. Mais je n'ai pas été poursuivi. Vu que je suis dans le collimateur, s'ils avaient eu la moindre chose réelle à me reprocher, ils se seraient engouffrés. Surveillé comme je le suis, c'est peu de vous dire qu'ils attendent de moi le moindre faux pas, la moindre erreur. Mais ils ne l'auront pas. Vous pouvez aller sur le site de Reaction19[1], je ne fais que du droit, et rien d'autre que du droit. Je n'ai jamais commis une faute, jamais eu de blâme, jamais eu un contentieux déontologique. J'ai toujours payé mes impôts en temps et en heure. J'ai une comptabilité d'une transparence totale et parfaitement irréprochable. Je n'ai pas un euro de retard et, en trente-sept ans d'activité en France, je n'ai jamais été en arrêt maladie une seule journée. Nous en sommes à trois ans d'activité à Reaction19, et je n'ai jamais confondu mon

1. https://reaction19.fr.

métier d'avocat et l'association, je n'ai jamais utilisé l'association pour récupérer des dossiers, bien au contraire. Avec la réputation que l'on m'a mise sur le dos, mon engagement pour Reaction19 a été hautement préjudiciable à mon activité professionnelle. J'ai perdu du monde, fatalement. Tu ne peux pas, par exemple, être l'entraîneur de l'équipe de France, serrer la main de M. Macron tous les trois jours et continuer à avoir Brusa comme avocat. Pour beaucoup, je suis un complotiste, parce qu'aujourd'hui défendre le droit, parfois contre la loi, fait de toi un complotiste. Wikipédia est même allé jusqu'à me définir comme « une figure principale de la désinformation autour de la Covid-19 ». Quand je sais combien, depuis trois ans, je me bats, combien j'y laisse ma peau, ma santé, j'avoue que voir toute sa carrière au service du droit réduite à ce type de définition infamante, ça noue un peu le cœur ! Je leur ai envoyé une lettre en leur demandant de rectifier leurs propos qui constituent une atteinte injurieuse à ma personne. Si je devais poursuivre tous ceux qui me calomnient, je passerais mon temps à cela. Tout ce qui est inscrit sur le site de Reaction19[1], tout ce que j'ai pu dire, rien n'a jamais été contesté, contredit, ou fait l'objet d'une quelconque poursuite. Toutes les données que je produis sont de sources exactes et factuelles.

Pour le reste, j'ai évidemment reçu des insultes et des menaces de toutes sortes, par courrier, par e-mail et évidemment sur les réseaux. J'ai reçu de tout, et même, une fois, une folle furieuse sur un réseau qui prétendait que je n'étais pas avocat. Mais je n'ai jamais déposé plainte. Vraiment, je n'ai pas envie de perdre du temps.

Vous savez, j'ai été à l'école de la vie, et bien plus qu'il n'en faut. Les menaces, les pressions, l'adversité d'une façon générale,

---

1. https://reaction19.fr.

c'est ce qui m'a façonné toute ma vie, et qui m'a conduit à une forme de résilience. Toute ma vie a été un combat contre l'adversité, contre l'humiliation et la soumission, mais aussi contre tout ce que je considérais être une injustice. J'ai évoqué mon père et sa folie monstrueuse. Si moi, j'ai pu m'en sortir, cela n'a pas été le cas de l'un de mes frères. Lui n'a pas pu supporter. Il a plongé dans la drogue, la drogue dure, la drogue des squats et des arrière-cours. Il était héroïnomane. Il a commencé à 14 ans. À l'âge de 30 ans, il est mort d'une overdose, une nuit, *a priori* seul, au bord d'une rivière, où on l'a retrouvé.

Je n'ai pas peur de me dévoiler et de vous dire tout cela. Je suis quelqu'un qui a été « brûlé » dans sa vie. Je suis quelqu'un qui aurait dû prendre une mitraillette, mais qui a fini par canaliser toute cette violence en faisant du droit, en mettant toute sa révolte et son indignation au service des autres, notamment avec la création de Reaction19.

Je suis issu d'une famille où l'on se chauffait en allant chercher du bois, où l'on se douchait avec un pot en plastique dans une bassine. La vie était extrêmement dure. Je ne dis pas cela pour faire pleurer dans les chaumières, mais pour vous dire que ce que je suis aujourd'hui et le milieu d'où je viens, c'est antinomique. Ma mère n'a jamais compris ce que je suis devenu, et elle ne le comprend toujours pas. Je le dis sans autocomplaisance. Que l'on puisse prendre un avion, aller ici ou là faire des conférences pour la liberté et le respect de la dignité humaine, ça la dépasse, littéralement. Quand ma mère est venue me voir une fois, et que je l'ai emmenée dans mon ancien cabinet, elle a trouvé qu'il y avait suffisamment de place pour qu'on puisse étendre le linge. Mais, dans sa bouche, ce n'était pas une plaisanterie. C'est d'un tel décalage ! On ne peut pas communiquer. De là où je viens, j'ai dû tout faire par moi-même, tout apprendre par moi-même.

Pas de papa, pas de maman, pas de réseau. Quand je sors de mon travail dans la restauration, qu'il est 3 heures du matin, je prends les patins à roulettes pour rentrer chez moi, parce que je n'ai pas l'argent pour le taxi. Une fois arrivé chez moi, je me mets à réviser mes cours de droit, en me faisant trois cafés, et je fume comme un pompier de 4 heures du matin jusqu'à 8 heures pour tenir, et pour rester éveillé. Et cela, pendant des années, jusqu'à sortir troisième du DEA de Paris II. J'ai passé des heures à lire le Code civil, à lire l'histoire de France, la littérature française, la culture française. J'ai bûché, bûché comme un fou, en philosophie, en Histoire. J'ai dû tout apprendre par moi-même, tout. Et je me suis toujours battu avec une quête d'excellence, et j'ai cette exigence absolue au fond de moi.

Si je vous confie tout cela, ce n'est pas pour faire étalage de ma vie et de mes mérites éventuels, mais simplement pour vous dire que la lutte, la nécessité de se dépasser, a été une constante dans ma vie. Je suis rompu à l'adversité. Après tous les combats que j'ai pu mener dans ma vie, après tout ce que j'ai pu endurer, ce n'est pas aujourd'hui que je vais capituler pour quelques intimidations – quelles qu'en soient la nature et la provenance.

Surtout, je n'ai pas peur. J'ai intégré le fait d'être une personne publique, intégré le fait que je peux perdre beaucoup. Je ne souhaite pas que cela arrive, mais je suis prêt. Je suis prêt à perdre, et c'est pour ça que je n'ai pas peur. Il sera toujours mille fois plus estimable de perdre en restant soi-même que de gagner en se perdant.

Il y a eu un temps où toutes ces calomnies auraient pu m'affecter bien davantage, du fait sans doute de mon hypersensibilité et de mon côté écorché vif, mais il s'est produit un événement dont les suites ont beaucoup contribué à commuter tout cela, un événement qui est dans les mémoires de chacun : l'attentat de Nice, le 14 juillet 2016[1], avec ce camion fou qui tue 86 personnes et fait 458 blessés. Avec ma compagne, nous avions alors un bureau de représentation à Nice, rue du Congrès. Et ce soir-là, à la fin du feu d'artifice, alors que nous nous promenions parmi la foule, nous avons vu soudainement déferler sur nous une vague humaine totalement épouvantée, terrorisée. Un affolement général. Des gens qui couraient partout. On s'est réfugiés comme on a pu, avec, sous les yeux, cette scène d'apocalypse : le hurlement effroyable des blessés, et les morts jonchant le trottoir.

Pendant des mois, je suis resté traumatisé. Une angoisse permanente, des cauchemars toutes les nuits. Durant l'hiver, je ne me sens pas très bien, et c'est finalement au mois de mars que j'entends parler de l'EMDR (*Eye Movement Desensitization and Reprocessing*), qui est une thérapie des traumatismes psychiques, une thérapie basée sur un mouvement de balayage des yeux, tout en se connectant à l'événement traumatisant. J'ai consulté et j'ai commencé les séances d'EMDR. Et là, j'ai vécu quelque chose d'extraordinaire : l'objectivation de mon passé. Au début, on fait un travail sur l'attentat. Mais c'est un traumatisme indirect, je ne suis pas blessé, je n'ai pas été touché. Mais, par un mécanisme de résonance, séance après séance, j'arrive à ma propre vie, à mon enfance. J'arrive au plus gros traumatisme de ma vie : mon père qui me cogne et m'enferme dans cette cave. La cave, dès l'âge de 6 ans, ce n'est pas seulement une journée. Je l'ai connue quand j'étais petit et j'ai grandi avec, quasiment tous les jours. J'ai partagé une partie de ma vie avec cette cave. Et l'EMDR me fait vivre quelque chose d'incroyable. Je suis dans la cave et, lors d'une séance, je pleure. Je pleure, et je pleure abondamment, alors que,

1. https://france3-regions.francetvinfo.fr/provence-alpes-cote-d-azur/attentat-nice-six-mois-apres-trois-personnes-toujours-hospitalisees-1173181.html.

dans la cave, je ne pleurais presque jamais, parce que quand j'étais dans la cave, j'utilisais ce temps pour réfléchir, pour rêver, pour partir ailleurs. J'ai dû faire une dizaine de séances, puis il y en a eu une qui a achevé tout le processus : je suis dans la cave, et je sors de mon corps. Je regarde cet enfant, mais ce n'est plus moi. Je sors de cet enfant assis dans ce coin de cave, je suis debout et je l'observe. Je regarde cet enfant que je ne reconnais plus, qui à la fois est moi et qui n'est plus moi, l'enfant de la cave. Alors je le laisse là, dans la cave ; et moi, je sors.

À partir de ce moment, j'ai pu prendre une distance émotionnelle avec ce passé. J'ai contacté une qualité d'apaisement et de sérénité que je ne me connaissais pas. Cela a produit beaucoup de changements, et sans doute que cette sérénité nouvelle a été déterminante dans ma création de Reaction19. Il y eut un temps où, en plaidant de gros dossiers, je mettais ma robe ; et sans doute j'étais un peu Zorro avec la robe, et quand j'enlevais la robe, j'étais un peu moins Zorro. C'est-à-dire que la robe m'a aidé, la robe a été le costume de Zorro. Ça m'a donné beaucoup de force parce qu'avec la robe, je pouvais exprimer des choses que, peut-être, je n'avais pas le courage d'exprimer quand je ne l'avais pas ; alors que, maintenant, j'exprime des choses beaucoup plus puissantes à mon sens que celles que j'exprime avec la robe. Certes, je suis avocat, mais dans le cadre de Reaction19, je m'exprime sans la robe. Là, je suis Carlo Alberto Brusa, qui a longuement étudié la philosophie, étudié la sociologie, étudié l'Histoire, qui a été serveur et disc-jockey, qui a fabriqué des casseroles et qui, aujourd'hui, est président d'une association dont les locaux sont désormais installés à cent mètres de l'Élysée, à cent mètres du cœur du pouvoir, d'un pouvoir totalitaire que je n'aurai de cesse de combattre au nom de l'incoercible respect de la dignité humaine.

H. L. : *On s'étonne de l'attitude des autorités religieuses durant cette crise Covid. Ainsi, le pape François a encouragé la vaccination en parlant d'un « acte d'amour*[1] *». Qu'est-ce que cela vous inspire ?*

C. A. B. : Aujourd'hui, ces autorités font partie de la gouvernance mondiale. Elles participent au mécanisme de soumission du peuple à des structures oligarchiques. La ploutocratie[2] a toujours utilisé la crainte religieuse pour compléter son œuvre de contrôle des peuples. En Israël – qui a été le symbole de la vaccination universelle –, les personnes qui n'étaient pas vaccinées recevaient quatre ou cinq appels par jour ; une pression constante. Impossibilité d'aller à la synagogue, si tu n'étais pas vacciné. Le pape François a épousé la vaccination, il l'a imposée au point de menacer les salariés du Vatican d'être privés de salaire s'ils n'étaient pas vaccinés ; le pape François, qui est dans la ligne droite de la gouvernance américaine, dans la ligne droite de l'américanisation que nous sommes en train de subir.

Monseigneur Vigano est le seul prélat que je connaisse qui a su s'ériger en bastion pour les valeurs de l'homme, de chaque individu ; qui a su dire exactement le contraire du pape, qui s'est mis réellement en opposition au pape François. Monseigneur Vigano, c'est le « complotiste » du Vatican, dont je pense que le seul tort a été sans doute de rappeler un peu trop fort l'épître de Luc : « Il n'est rien de caché qui ne doive être découvert, rien de secret qui ne doive être connu et mis au jour[3]. » Monseigneur Vigano, c'est le cardinal qui a eu le courage de dire qu'aucune religion ne saurait être plus grande que la vérité. Il a lancé un appel. C'est un message

1. https://youtu.be/j23JF6ehPIU.
2. Système dans lequel le pouvoir politique est dévolu aux détenteurs de la richesse. https://www.larousse.fr/dictionnaires/francais/ploutocratie/61759.
3. Référence à la Bible, « Évangile de Jésus-Christ selon saint Luc », chapitre 12, verset 2.

magnifique, dont je partage tout à fait les valeurs, le sens et le but, un texte d'une beauté et d'une force, qui m'a énormément bouleversé. Tout y est dit. Le voici :

> « Depuis deux ans, nous assistons à un coup d'État mondial dans lequel une élite financière et idéologique a réussi à prendre le contrôle d'une partie des gouvernements nationaux, des institutions publiques et privées, des médias, de la magistrature, des politiques, des chefs religieux. Tous, sans distinction, se sont asservis à ces nouveaux maîtres qui assurent pouvoir, argent et réussite sociale à leurs complices. Les droits fondamentaux qui, jusqu'à hier, étaient présentés comme inviolables ont été piétinés au nom d'une urgence aujourd'hui sanitaire, demain urgence écologique, puis informatique.
>
> Ce coup d'État global prive les citoyens de toute possibilité de défense, dès lors que les pouvoirs législatifs, exécutifs et judiciaires sont complices de la violation du droit, de la justice et de l'objet pour lequel ils existent. C'est un coup d'État global, car c'est un attentat criminel contre les citoyens, qui s'étend au monde entier, à de très rares exceptions près. C'est une guerre mondiale où les ennemis sont nous tous, même ceux qui, sans le vouloir, n'ont pas encore compris la signification de ce qu'il se passe. C'est une guerre menée non pas avec des armes, mais avec des règles illégitimes, des politiques économiques perverses et des limitations intolérables des droits naturels. Des organisations supranationales, financées en grande partie par les conspirateurs de ce coup d'État, s'ingèrent dans le gouvernement des nations individuelles et dans la vie, les relations et la santé de milliards de personnes. Elles le font pour de l'argent, certes, mais plus encore pour centraliser le pouvoir, afin d'établir une dictature planétaire. C'est la grande réinitialisation du forum économique mondial, l'agenda 2030 des Nations unies. C'est le plan du nouvel ordre mondial, dans lequel une république universelle asservit tout le monde, et une religion de l'humanité qui effacera la foi dans le Créateur.

Face à ce coup d'État mondial, il est nécessaire de former une alliance antimondialiste internationale qui rassemble tous ceux qui veulent s'opposer à la dictature, qui n'ont pas l'intention de devenir des esclaves d'un pouvoir sans visage, qui ne veulent pas annuler leur propre identité, leur propre individualité, leur propre foi religieuse. Si l'attaque est globale, également la défense doit être globale.
J'appelle les dirigeants, les dirigeants politiques et religieux, les intellectuels et toutes les personnes de bonne volonté, les invitant à s'unir dans une alliance qui lance un manifeste antimondialiste réfutant, point par point, les erreurs et les déviations de la dystopie du nouvel ordre mondial, et proposant des alternatives concrètes pour un programme politique inspiré par le bien commun, les principes moraux du christianisme, les valeurs traditionnelles, la protection de la vie et de la famille naturelle, la protection de l'entreprise et du travail, la protection de l'éducation et de la recherche, et le respect de la création.
Cette alliance antimondialiste devra rassembler les nations qui entendent échapper au joug infernal de la tyrannie et affirmer leur propre souveraineté, conclure des accords de collaboration mutuelle avec des nations et des peuples qui partagent leurs principes et le désir commun de liberté, de justice et de bonté. Elle devra dénoncer les crimes des élites, identifier les responsables, les dénoncer devant les tribunaux internationaux, et limiter leur pouvoir excessif et leur influence néfaste. Elle devra empêcher l'action des lobbies, surtout en luttant contre la corruption des agents de l'État et de ceux qui travaillent dans l'industrie de l'information, et en gelant les capitaux servant à déstabiliser l'ordre social.
Dans les nations où les gouvernements sont inféodés aux élites, pourront être mis en place des mouvements de résistance populaire et des comités de libération nationale comprenant des représentants de tous les secteurs de la société, qui proposeront une réforme radicale du politique, inspirée par le bien commun et fermement opposée au projet néomalthusien de l'agenda mondialiste. J'invite tous ceux qui veulent défendre la société chrétienne traditionnelle à se réunir dans

un forum international qui se tiendra le plus tôt possible, dans lequel des représentants de diverses nations se réuniront pour présenter une proposition sérieuse, concrète et claire.

Mon appel s'adresse aux dirigeants politiques et aux gouvernements soucieux du bien de leurs citoyens, laissant de côté les anciens systèmes de partis politiques et la logique imposée par un système asservi au pouvoir et à l'argent. J'appelle les nations chrétiennes ensemble, d'est en ouest, invitant les chefs d'État et les forces saines des institutions, de l'économie, du travail, des universités, de la santé et de l'information à se joindre à un projet commun, perturbant les anciens systèmes et mettant de côté les hostilités qui sont désirées par les ennemis de l'humanité au nom de *divide et impera*, "diviser pour régner".

Nous n'acceptons pas les règles de notre adversaire, car elles sont précisément faites pour nous empêcher de réagir et d'organiser une opposition efficace et percutante. J'appelle les nations et leurs citoyens à s'allier sous la croix de notre seigneur Jésus-Christ, le seul roi et sauveur, le prince de la paix.

Fondons cette alliance altermondialiste, donnons-lui un programme simple et clair, et libérons l'humanité d'un régime totalitaire qui rassemble en lui les horreurs des pires dictatures de tous les temps. Si nous continuons à tarder, si nous ne comprenons pas la menace qui pèse sur nous tous, si nous ne réagissons pas en nous organisant en une résistance ferme et courageuse, ce régime infernal qui s'installe partout ne sera pas arrêté.

Et que Dieu tout-puissant nous assiste et nous protège[1]. »

---

1. Déclaration du cardinal Vigano traduite en français et lue par M. Brusa dans la vidéo du 3 juin 2022 « 030622 - L'appel de Monseigneur Vigano contre la Gouvernance de l'ombre ! »
https://videos.reaction19.fr/items/dd9700f7-432c-4888-82d1-c4cf2de72c9f (5'53).

MÉDIAS, LA GRANDE FABRIQUE DU MENSONGE

Qui n'a pas fait l'armée, mais aura regardé les médias en boucle durant cette crise Covid, saura à présent ce que sont des soldats aux ordres et un bataillon En Marche puis en Renaissance.

Jamais il nous aura été donné d'assister à un tel spectacle d'asservissement généralisé, à une telle allégeance au pouvoir. Sauf de biens rares journalistes auxquels il convient de rendre hommage, tels André Bercoff, Pierre Barnérias, Marc Menant, Ivan Rioufol, Xavier Azalbert ou encore Richard Boutry; pour les autres, soit l'écrasante majorité, ce fut un festival de contrevérités et de mensonges portés par des voix toujours plus promptes à satisfaire le prince.

Aux nombreuses éminences scientifiques que compte notre pays, on a préféré des invités de circonstance, soigneusement triés sur le volet, véritables imposteurs de plateaux, tous bouffis d'intérêts avec les laboratoires pharmaceutiques. Ainsi, *exit* le professeur Christian Perronne (infectiologue, durant quinze ans conseiller santé sous plusieurs gouvernements, et membre de l'OMS), le professeur Luc Montagnier (prix Nobel de médecine), la chercheuse Alexandra Henrion-Caude (généticienne spécialiste de l'ARN) et tant d'autres. Dans un monde sain, résolument en quête du bien commun, ils auraient dû être écoutés en priorité, mais, au lieu de cela, ils ont été largement calomniés et discrédités.

En véritables gardiens du dogme et de la propagande, les médias, quasi unanimes, ont créé puis normalisé l'usage du mot « complotiste », un mot servant à désigner et discréditer d'entrée tout porteur d'une parole non conforme à la pensée officielle, propageant ainsi, auprès de toute une population, le virus de l'intolérance et de la négation d'autrui.

Avec des télévisions et une presse tenues à 90 % par une dizaine de milliardaires tous amis proches du président[1], comment s'étonner du déficit d'indépendance des médias en France ! Comment, dans un pareil contexte, imaginer le moindre espace pour une voix dissidente ?! Sans liberté d'information, nulle démocratie.

Reste qu'il y a des silences qui sont coupables, et des complicités dans le mensonge qui sont criminelles. Quand, exemple parmi cent, M. Véran ose prétendre, le 2 juillet 2021[2], que le vaccin n'en est plus au stade expérimental, le silence de ceux qui n'ont pas contredit une telle énormité constitue une grave complicité de tromperie et de mise en danger de la vie d'autrui.

1 223 morts officiels dans la phase d'essai Pfizer, plus de 11 millions de rapports d'événements indésirables[3] recensés dans le monde, soit au moins dix fois plus d'effets indésirables en deux ans

---

1. https://basta.media/le-pouvoir-d-influence-delirant-des-dix-milliardaires-qui-possedent-la-presse.
2. Olivier Véran, ministre de la Santé : « Parmi les "*fake news*" que l'on entend, il y aurait celle qui consiste à dire que le vaccin serait encore en cours d'expérimentation, c'est absolument faux. La phase 3 est terminée depuis des mois, elle est validée. »
https://www.lemonde.fr/les-decodeurs/article/2021/07/08/covid-19-les-essais-de-phase-3-des-vaccins-sont-ils-termines-depuis-des-mois-comme-l-affirme-olivier-veran_6087580_4355770.html.
3. Alexandra Henrion-Caude, *Les Apprentis sorciers*, Albin Michel, 2023.

de vaccins Covid que dans toute l'histoire de la vaccination, tous vaccins confondus! Mesdames et Messieurs les journalistes, est-ce que cela parle à l'une ou l'un d'entre vous?

Rappelons-nous cette citation attribuée à Voltaire: « Ceux qui peuvent vous faire croire aux pires absurdités pourront vous faire commettre les pires atrocités. »

H. L.: *La désinformation n'est pas une chose nouvelle. Toutefois, la charte de déontologie de Munich définissant les devoirs des journalistes, et à laquelle ces derniers sont supposés être tenus, prévoit notamment, à l'article 1, de « respecter la vérité quelles qu'en puissent être les conséquences » ; à l'article 6, de « rectifier toute information publiée qui se révèle inexacte » ; et à l'article 9, de « ne jamais confondre le métier de journaliste avec celui du publicitaire et du propagandiste[1] ». On est très loin du compte! Ce manquement manifeste, que l'on a eu de cesse de constater, n'est-il pas illicite et répréhensible? Plus encore, la complicité délibérée de mensonge portant atteinte à la vie humaine n'est-elle pas incriminable, au regard du droit?*

C. A. B.: La gouvernance a construit un processus de gestion politico-médiatique parfaitement maîtrisé, et, dans ce processus, il y a tout l'espace pour la propagande. Donc, aujourd'hui, les pétitions de principe, les chartes sont une forme d'apparence derrière laquelle la gouvernance peut agir, comme ces miroirs dont parlait Cocteau dans *Orphée* (1925), en disant: « Les miroirs sont les portes par lesquelles la mort va et vient. » En réalité, on a une apparence de monde propre. Le progrès a certes permis des améliorations, mais ce ne sont pas des améliorations qui ont eu pour finalité de conférer une qualité de vie intellectuelle,

---

1. https://cfdt-journalistes.fr/charte-deontologique-de-munich.

émotionnelle et sociale. La finalité a été, avant tout, de construire des outils économiques. L'homme est devenu aujourd'hui un outil économique, un *homo economicus* intégré dans le processus capitalistique. Pour un Gafam (l'acronyme des géants du Web : Google, Apple, Facebook, Amazon et Microsoft) et une Big Pharma, l'homme n'est qu'une pièce dans un processus économique qui va participer à la mise en œuvre d'un chiffre d'affaires. Et cela vaut, bien évidemment, pour les médias. « Vendre du temps de cerveau humain[1] », ce n'est pas moi qui l'ai inventé. On n'a jamais connu la mise en place d'un organe démocratique élu qui contrôle l'information. L'Arcom n'est pas une entité démocratiquement élue. Elle est au service de l'État. Une fois encore, une « autorité administrative indépendante », c'est totalement antinomique. L'autorité administrative est nécessairement au service et sous la dépendance d'un État et d'un gouvernement. Alors comment sanctionne-t-on une propagande ? Par quel moyen sanctionner le fait qu'ils aient mis en œuvre un processus d'information pendant trois ans sur lequel ils ont conforté la politique de l'État, à travers leurs messages et leurs asservissements au pouvoir ? Il n'y en a pas ! Il faut changer de Constitution, changer de République, changer de démocratie pour qu'effectivement cela change. Aujourd'hui, la nomenklatura politico-financière détient le pouvoir et a la maîtrise dans toutes ses facettes, et nous sommes seulement autorisés à jouer à l'intérieur d'une cour ; et si on sort de la cour, on se fait tabasser. On a tout de même vécu, durant la pandémie, et même encore aujourd'hui, avec des médias qui se sont érigés en donneurs de leçons à la place des juges pour dire ce qui était une information exacte et ce qui était une information fausse. Je prends l'exemple de cette information du 22 janvier 2021 : Franceinfo dit

1. Patrick Le Lay, alors P.-D.G. du groupe TF1, en 2004, avait déclaré : « Ce que nous vendons à Coca-Cola, c'est du temps de cerveau disponible. »

que la vaccination ne produit aucun effet sur les cycles menstruels, et ils assènent que ceux qui disent le contraire ne sont que des «*fake shakers*» et des «complotistes». Or, aujourd'hui, les mêmes admettent parfaitement l'inverse devant, il est vrai, une évidence que l'on ne peut plus cacher. Récemment aussi, on a vu *Le Figaro* nous expliquer, deux ans plus tard, que finalement le confinement n'avait servi à rien!

Donc pour revenir et répondre à votre question: non, un journaliste ne prend aucun risque personnel, quels que soient les mensonges qu'il puisse énoncer. Quand des journalistes ont asséné, à longueur de journée, le message «tous vaccinés, tous protégés», ils n'ont fait que relayer un message du ministère de la Santé! Toutes les informations d'ordre médical ont été couvertes par le ministère de la Santé, et le ministère a garanti aux médias qu'ils n'encouraient aucun risque au niveau judiciaire.

La façon dont les médias ont rapporté l'information a été totalement partisane et mensongère. Nous faire croire que le monde entier était en confinement et sous vaccination était totalement faux. Toute la presse, tous les médias ont scandé que le confinement et les vaccins fonctionnaient, et que tous les pays avaient procédé de la même manière. Or c'était parfaitement faux. En Suède, le confinement ne s'est pas du tout fait de la même manière. Dans de nombreux pays, au Nigeria, en Inde, à Madagascar, on a fait autrement.

Comme le rapporte mon ami Xavier Azalbert lors d'un échange que nous avons eu, au Brésil au sujet de deux États, le Pará qui est sur l'Amazone et son État voisin l'Amazonie, il y a un État qui a compté cinq fois moins de morts. Il y avait 1 500 morts par million d'habitants en Amazonie en juin 2021, et l'État voisin – le Pará – comptait 300 morts par million d'habitants. Pour vous donner un ordre d'idée, l'État du Pará, c'est une superficie de près de trois fois la France, pour une population de 9 millions d'habitants. Qu'est-ce qui, alors, expliquait cette différence? Eh bien, le secrétaire d'État du Pará avait non seulement autorisé les traitements précoces à base d'ivermectine, d'hydroxychloroquine et d'azytromycyne, mais, en plus, il les avait rendus obligatoires.

Les journalistes mainstream ont fait partie intégrante, comme quatrième pouvoir, du maintien et de la mise en place du système que nous vivons, basé sur la désinformation, la manipulation et le mensonge. Mais ce que Reaction19 a fait en trois ans est exceptionnel, car nous avons réussi à injecter des thématiques de réflexion critique totalement inattendues, et qui ont créé un vrai doute. Car aujourd'hui il y a des doutes, et le doute est l'ami de l'intelligence, le doute permet de garder l'esprit critique. Je n'ai jamais entendu autant de gens qu'aujourd'hui dire: «Je ne regarde plus BFM», chose que l'on n'entendait pas il y a quatre ans.

H. L.: *Des vaccins parfaitement illégaux, des essais Pfizer révélant que ce vaccin tue, la présence de codes alphanumériques attestés par huissier! C'est tellement énorme que ça aurait dû faire l'effet d'une bombe! Pas même un mot de la part d'un* Mediapart *ou d'un* Canard enchaîné *? On peine à le croire. Est-il possible que les médias soient à ce point cadenassés?*

C. A. B.: Mais ils le sont! Ils sont bel et bien enchaînés, totalement enchaînés. Je le vois. Mais, cher ami, cela fait trois ans que je suis sur la place française comme un meneur de lutte! Mes actes sont publics, et ils ne sont pas contestés. Je n'ai jamais été attaqué pour injure, pour diffamation. Je n'ai jamais reçu un courrier contestant les actes qui sont inscrits sur le site, et que le temps a confirmés. Je suis censuré parce que j'ose dire des vérités juridiques. Il n'y a pas un mot de supposé «complotisme» dans ce que je dis. Qui va sur le site de Reaction19[1] verra que je ne fais que du droit. Et c'est la

1. https://reaction19.fr.

démonstration même que le droit fait peur à la loi, et quand on est censuré en faisant du droit, c'est bien la preuve que l'on est dans un État de non-droit. Quand on touche à la liberté d'expression, quand on touche au droit de savoir, quand on impose une pensée unique, le danger de la gangrène dictatoriale est là. Aujourd'hui, quand tu oses critiquer et remettre en cause un vaccin, tu es un complotiste ! Quand tu oses dénoncer un abus de droit, un décret, une réglementation, tu es un complotiste ! On est dans un pays où faire du droit fait de vous un complotiste. C'est quand même phénoménal !

Le pouvoir n'est pas au 55, rue du Faubourg Saint-Honoré ; ça, c'est la pointe de l'iceberg. C'est comme dans la franc-maçonnerie, tu connais le grand maître, celui qui s'expose ; et puis il y a ceux qui sont derrière et qui manœuvrent. Ils dépendent tous, absolument, de l'argent de l'État ; et un chien ne mord pas la main de celui qui le nourrit ! Cela vaut parfaitement pour les journalistes, dont nous parlions précédemment. Sans argent de l'État, il n'y a pas de *Mediapart*, il n'y a pas de *Canard enchaîné*. Ce n'est absolument pas vrai qu'ils sont indépendants et autonomes. Comment en pleine crise Covid, Emmanuel Macron peut-il verser 483 millions d'euros[1] pour « soutenir » une presse détenue par des milliardaires, des milliardaires qui figurent parmi les plus grandes fortunes de France ? Ils reçoivent de l'argent de l'État, de nos impôts, alors même que les 500 plus grandes fortunes de ce pays, dont ils font partie, représentent plus que le PIB de la France. Quand tu as 500 personnes qui représentent plus que le PIB, est-ce que ces gens-là n'ont pas un intérêt au conditionnement de l'État ? Comment pourraient-ils accepter que soit diffusé dans « leurs médias » le moindre discours critique vis-à-vis des industries

1. https://www.leparisien.fr/culture-loisirs/tv/covid-19-l-elysee-debloque-483-millions-d-aides-exceptionnelles-a-la-presse-27-08-2020-8374314.php.

pharmaceutiques ou des nouvelles technologies, alors même qu'ils ont des intérêts directs dans ces domaines ?! Les médias ne se sont pas contentés de censurer la contradiction, ils ont tout fait pour la discréditer. Si je faisais partie de ces fortunes-là, je ne serais pas en train de parler avec vous, cher ami, je serais au téléphone avec Xavier Niel ou Bernard Arnault, pour voir quelle manœuvre nous pourrions mettre en place pour gagner encore plus d'argent. Nous sommes dans un système qui n'a pour seul but que la préservation des intérêts et des privilèges d'une caste dominante totalement aveuglée par son propre profit, et dont les médias font partie intégrante.

Ces gens-là participent à un jeu de vérité, mais qui n'est que faux-semblant, c'est Luigi Pirandello, *Six Personnages en quête d'auteur*, 1921.

H. L. : *Vous avez été amené à porter plainte contre le journal* Le Parisien, *avec constitution de partie civile*[1]. *C'est une plainte pour injure publique, qui a aussi été portée à l'encontre du président de la République. Porter plainte contre un journal qui rapporte les propos du président, n'est-ce pas contraire à la liberté d'expression que vous défendez ?*

C. A. B. : Pas du tout. Il n'y a aucune contradiction. La liberté d'expression, elle est absolue, dans les limites de la loi posée le 29 juillet 1881[2], notamment : injure, diffamation, calomnie. C'est parce que l'auteur peut s'appuyer sur un support que des tiers peuvent avoir connaissance de propos diffamants. Donc la responsabilité est engagée. Sans support, on n'aurait pas pu savoir ce que

1. https://reaction19.fr/reaction19/actualites/association-reaction19/asso-2022/180322-pcpc-injures-contre-le-parisien-et-m-macron-deposee-23-mars-2022/.
2. https://www.legifrance.gouv.fr/loda/id/LEGITEXT000006070722.

M. Macron avait dit, à savoir : « Les non-vaccinés, j'ai très envie de les emmerder… On va continuer de le faire jusqu'au bout. C'est ça, la stratégie… Un irresponsable n'est plus un citoyen[1]. » Non, ce n'est pas contraire, c'est exactement ce que la loi prédispose. Mais, en réalité, et dans le fond, ce dont il retourne, c'est un appel au bannissement. Après la tentative de vaccination avec un produit qui n'est pas un vaccin mais un pseudo-vaccin, après la soumission psychologique à la peur, c'est l'esclavage ! L'esclave qui a peur, soit il se jette à la mer, soit il accepte qu'on lui mette l'anneau à la cheville. Là, c'est exactement cela : soit tu acceptes l'injonction de te faire vacciner, soit tu vas être banni. Tu ne pourras plus travailler, plus de restau, de théâtre, de piscine, etc. Une sorte de bannissement, de mort civile. Quand le président de la République dit qu'un non-vacciné « n'est plus un citoyen », c'est de cela dont il s'agit, d'une mort civile. Et cela veut dire que, pour que tu sois intégré, tu dois devenir esclave. L'esclave passe par la solution de survie. Au lieu de l'anneau en fer, c'est la piquouse. On a mis en place un « tri sélectif humain ». Au nom d'une pseudo-science qui n'est plus le fruit de la connaissance mais l'allégeance à un dogme, on a « séparé le bon grain de l'ivraie ». D'un côté, les droits, les justes, les élus et épurés chimiques ; de l'autre, les dégénérés, méprisables, pestiférés et bannissables. On est là face à un procédé totalement injustifiable et injustifié, fondamentalement nauséabond et criminel en son essence. L'Histoire en a maintes fois témoigné. Qui voudra se souvenir comprendra.

Ce sont des propos qui laissent parfaitement entendre que les non-vaccinés sont des irresponsables, et donc des ennemis de la nation, et qu'il convient de les emmerder jusqu'au bout, pour

---

1. https://www.radiofrance.fr/franceinter/les-non-vaccines-j-ai-tres-envie-de-les-emmerder-les-propos-d-emmanuel-macron-detonnent-dans-l-opposition-2382951.

ne pas dire les éradiquer. Là encore, ça veut dire quoi « jusqu'au bout » ? C'est quoi ce jusqu'au-boutisme ? Ça prend quelle forme ? De quoi parle-t-on exactement ? Le journaliste s'est bien abstenu de poser la question. Ce sont des propos d'une grande violence et extrêmement dangereux ! Loin de rassembler le peuple dans la quête d'une harmonie du vivre-ensemble – qui est la mission d'un chef de l'État –, c'est un appel à la ségrégation. Ce sont des propos dont le seul but est d'attiser, dans la population, le sentiment de haine des vaccinés contre les non-vaccinés, d'éveiller et d'encourager ce sentiment.

Je rappelle que *Le Parisien* fait partie du groupe Les Échos-Le Parisien, détenu par LVMH, et que ce journal compte près de 28 millions de lecteurs chaque mois[1], soit 42 % de la population française. Leur responsabilité est entière.

Je n'empêche pas *Le Parisien* de s'exprimer, mais s'ils veulent rapporter des propos injurieux et, à mon sens, irresponsables, ils en assument le risque. D'ailleurs, ils le savaient très bien. Il y a une interview qui est parue quelque temps plus tard dans *Le Parisien*, et dans laquelle ils admettent, eux-mêmes, qu'ils étaient conscients du risque qu'ils prenaient à rapporter de tels propos.

La justice élève une nation, l'impunité la détruit.

1. https://www.lvmh.fr/les-maisons/autres-activites/parisien.

LE DROIT D'ESPÉRER, ESPÉRONS !

Une étude publiée en janvier 2022 dans l'Oregon[1] atteste que certains composés du cannabis pourraient prévenir l'infection au Sars-CoV-2, en bloquant l'entrée de ce virus dans les cellules. Si l'information venait à se confirmer, nous pourrions nous retrouver bientôt dans une société éminemment plus joyeuse que prévu, où rire et béatitude seraient les signes encourageants d'un prompt rétablissement.

H. L. : *« Plus l'effondrement d'un empire est proche, plus ses lois sont folles », aurait dit Cicéron. Vu le niveau déjà atteint, se pourrait-il que la chute soit imminente ?*

C. A. B. : J'aimerais beaucoup, mais je reste un peu sceptique. Quand on voit encore des gens, seuls dans leur voiture, avec le masque sur la figure et on imagine la petite Covid assise à l'arrière, je me dis que ce n'est pas gagné, et qu'on risque de ne pas pouvoir sauver tout le monde !

Plus sérieusement, je pense que nous sommes déjà dans une chute. Le monde dans lequel nous vivons est un espace de plus en plus étroit, les richesses de ce monde sont de plus en plus limitées

---

1. https://www.journaldemontreal.com/2022/01/12/le-cannabis-offrirait-une-protection-contre-la-covid-19-selon-une-etude-ontarienne.

et elles sont tenues par une nomenklatura qui en use et en abuse. Les textes votés durant la Covid sont révélateurs de cet état de folie, révélateurs de la décadence du système « démocratique » dans lequel nous sommes. Nous sommes en train de déstructurer. Leur monde s'effrite, mais le nôtre aussi. Nous sommes en train de vivre une mutation anthropologique, et la question est : « Comment construire ? » Comment construire une vie où puisse s'inscrire ce que nous avons préconisé face aux lois monstrueuses ? Comment conquérir quelque chose de nouveau, une nouvelle forme de liberté de gouvernance ? Gandhi n'a pas préconisé une forme de gouvernement. Il a parlé d'une libération d'un Empire britannique, libre aux Indiens de choisir leur forme de démocratie. Si je cherche à construire une forme collective d'épanouissement, je deviens comme les autres, un donneur de leçons, en créant une sorte de propagande du bonheur. Suis-je en position de dire à qui que ce soit : « Vis comme ça, et tu seras heureux » ? Non, je peux proposer des valeurs. Il est heureux de voir que, le 19 juin 2022, l'Assemblée nationale a changé de visage. Ce ne fut pas une révolution, mais un frémissement. Je préfère évidemment quand il y a un débat et de la dialectique. Les lois de compromis ont toujours annoncé des jours meilleurs que celles sans compromis. Les lois sur la laïcité ont été des lois de compromis, des lois qui se rapprochaient du Code civil, où il a fallu du temps. La loi sur la laïcité, il a fallu trois ou quatre ans de travail pour la construire dans sa pérennité. Ce sont des lois qui ont été faites par les hommes, pour les hommes, et pas simplement pour répondre à des besoins économiques, ou à des intérêts spécifiques.

H. L. : *Est-ce que, en fait, le virus ne nous aura pas sauvés ? Car le programme était écrit ; et sans doute se serait-il déroulé à petits pas, distillé dans le temps, de sorte qu'il ne nous aurait pas été donné de nous* *en apercevoir ou de vraiment réagir. Or, avec le virus et sa folle gestion, nous avons pu constater, de façon brutale et au grand jour, combien ces intentions étaient en cours. On voit que beaucoup, à présent, se lèvent et s'organisent contre toutes ces déviances totalitaires ; ce qui, peut-être, n'aurait pas pu être le cas. En somme, et sans présumer de l'avenir, le virus n'aura-t-il pas été une « chance » d'échapper à un non-retour totalitaire façon Chine ? Comment voyez-vous l'avenir ?*

C. A. B. : Nous avons une gouvernance économique puissante qui prétend diriger une bonne partie de l'humanité, et nous avons le peuple qui se bat pour récupérer, au fur et à mesure, les miettes. Que le virus ait été introduit volontairement ou non, la gouvernance a toujours su tirer parti des situations. Je vais faire une analogie avec Hitler. Hitler arrive au pouvoir, il va séduire 95 % de la population allemande, qui va devenir nazie. Très peu de dissidents. Hitler, comme un virus, a touché 95 % de la population. Le peuple a accepté. Entre sidération et admiration, il s'est plié. La gouvernance mondiale s'est retrouvée avec un épiphénomène qui s'appelait « Hitler ». Les Américains ne l'ont pas vu venir. La gouvernance s'est demandé : est-ce qu'on le laisse continuer, ou est-ce qu'on l'arrête ? Ils ont décidé de le laisser faire. Ils se sont dit que Hitler avait Staline sur le dos. On a signé un traité de non-belligérance : les accords de Munich. La gouvernance n'est pas génératrice de tous les événements de la vie. Elle a la capacité de décider si, oui ou non, tel événement, elle peut le manipuler, l'utiliser pour arriver au résultat qu'elle souhaite obtenir. Finalement, ils ont décidé d'intervenir, et ce sera le débarquement. Une fois qu'ils ont mis fin à la guerre, ce fut l'heure des comptes, et les Américains ont fixé les nouvelles règles du jeu. Et depuis, nous suivons les règles du jeu imposées par les Américains. Soit le virus a été volontairement propagé, et alors ils ont raté le coche, parce qu'ils pensaient que, excepté la Russie et la Chine, ils pouvaient vacciner et contrôler tout le monde, et maîtriser à travers la politique sanitaire l'intégralité d'une population mondiale qui devait tomber dans l'escarcelle américaine ; sauf qu'ils ont dû subir notamment l'opposition de l'Inde, de l'Afrique et d'une bonne partie de l'Amérique latine. Soit le virus est apparu de façon involontaire, et ils ont montré qu'ils avaient la capacité de mettre en œuvre un processus de pouvoir, un processus d'organisation et de contrôle. La gouvernance peut réagir à tout événement, et mettre en œuvre à tout moment ce qu'elle entend mettre en œuvre, car elle a toute la capacité à construire et adapter la stratégie qu'elle souhaite, avec tous les moyens dont elle dispose. Quoi qu'il en soit, le processus qui est mis en place au niveau des peuples aura toujours pour finalité de les rendre esclaves économiquement. En vérité, il faut raisonner comme le fait la gouvernance, en nous disant qu'il y a eu un événement ; et cet événement, nous devons l'utiliser à notre propre profit. Il faut prendre le cours des choses tel qu'il se présente, comme le disait le philosophe italien Jean-Baptiste Vico. La force de l'homme, c'est de savoir adapter son existence en fonction des événements. On ne peut pas aller contre l'Histoire, parce que l'Histoire, elle est comme la nature. Il y a une composante volontariste, et une composante qui ne l'est pas. C'est pour cette raison que, dans la composante volontariste, nous devons nous réjouir quand nous en avons la possibilité. Ce qui change et ce qui a changé beaucoup avec la Covid, c'est précisément que la Covid a recréé une composante volontariste chez les hommes. Le volontarisme est un élément très important dans la vie de l'homme, alors que les gouvernements ont voulu anéantir au fur et à mesure le volontarisme pour créer cet état de soumission. Le volontarisme est antinomique avec la soumission. Le volontarisme, c'est la liberté, la liberté d'agir, de faire, de s'organiser, de travailler, de décider de sa vie.

Ils ont mis plus de cinquante ans pour nous écraser, on ne va pas régler le problème en quelques mois. Mais, en quelques mois, on a vu déjà des choses exceptionnelles. L'État pensait pouvoir séparer les gens ; en fait, il en a rapproché un grand nombre. On a vu des milliers de personnes se regrouper en collectifs, en associations, en solidarité ; des milliers de gens, toujours plus nombreux, ont retrouvé leur indépendance intellectuelle et leur sens critique. Mais il faut continuer à lutter sans relâche pour que l'homme reste un sujet de droit. Cela passe par le relais des consciences et par le fait que le réveil soit le plus large possible, sinon cela restera une réflexion philosophique entre quelques élus. C'est un réveil populaire qui doit être entamé. Il faudra un mouvement populaire très fort pour que les choses bougent. Nous ne sommes plus dans un État de droit, où le droit est harmonieux, dans lequel le droit permet aux gens de vivre dans la sérénité. La liberté est devenue une lutte entre l'homme et l'État. Avant, l'État était envisagé comme une entité protectrice qui devait nous apporter le bonheur, le garantir. Aujourd'hui, l'État devient cette source d'oppression.

Il y a eu beaucoup de tensions, beaucoup de souffrances, et il y en a encore. Il y a des enfants qui ont le sentiment de ne plus avoir d'avenir, qui n'arrivent plus à se projeter ; des parents qui, eux, n'arrivent plus à leur donner de perspectives dans la vie. On a brisé le lien avec nos familles, nos proches, nos collaborateurs au travail, nos aînés. Dans la responsabilité de faire vacciner les enfants ou non, on a disloqué des couples. Nous avons, à présent, le devoir de protéger les aînés, et par-dessus tout les enfants, qui sont le futur de notre humanité. Durant cette crise, la France a été un bastion. La France a souvent été le pays qui a donné l'exemple. Redoublons d'audace, de courage et de détermination. N'adhérons pas à cette France qui ne nous ressemble pas, une France soumise. Nous devons montrer au monde entier que le gouvernement en

France, c'est encore et toujours le peuple. L'espoir, c'est le peuple, pas les élites. Il n'y a que le peuple, vous, nous, dans un travail au quotidien d'échange. On doit construire le lien social, et j'appelle à l'unité. Soyons solidaires, et n'oublions jamais que nous avons le nombre, et que c'est notre force. J'ai vraiment confiance dans le fait qu'un basculement est possible, si nous nous battons corps et âme pour ce qui importe le plus, pour ces valeurs que nous chérissons le plus, celles inscrites sur le fronton de nos mairies : la liberté, l'égalité et la fraternité. Ce ne sont pas de vains mots. C'est l'idéal de toute une nation, pour lequel nos parents, grands-parents et tant de générations avant eux se sont battus et souvent même ont donné leurs vies pour que nous puissions vivre dans un monde libre. Faisons-leur honneur. Retrouvons cet idéal. Ils ont voulu nous faire croire qu'en dehors de leurs lois liberticides et de la numérisation des individus il n'y avait pas de salut, pas d'issue. C'est un leurre. Nous ne sommes pas face à une voie sans issue. Nous sommes face à un sens interdit, et cela fait une grande différence. Ce sens interdit, c'est à nous de le franchir, parce qu'à l'endroit où il a été placé, il est totalement illégitime et mortifère. J'en appelle à la responsabilité et à l'engagement de chacun. N'attendons pas l'homme providentiel, le messie. Chacun doit être son propre messie en exigeant le respect du droit dans son quotidien et dans chaque domaine de son existence. Ce que je souhaite, c'est que chacun d'entre vous, d'entre nous, soit l'ambassadeur de sa liberté, que chacun d'entre vous assume d'être un être de dignité, de force et de responsabilité. N'oublions jamais que le totalitarisme n'a pas de limites, et que les seules limites sont celles que nous lui opposerons par nous-mêmes. La résistance au totalitarisme commence par nous-mêmes. Si nous ne sommes pas capables de prendre nos propres responsabilités dans l'adversité, nous n'aiderons personne. Ce que craint le plus le totalitarisme, c'est la pensée critique et la spontanéité individuelle, c'est-à-dire la capacité de chacun à se lier et à créer une résistance non prévisible par le système. C'est la multiplication des grains de sable qui peut faire digue et barrer la route à la déferlante totalitaire. Je ne sais pas si on gagnera, mais je dis qu'on est encore loin d'avoir perdu, parce que je sais aussi qu'il y a des personnes qui sont vaccinées et qui n'iront plus se faire vacciner, et il y en a beaucoup, de plus en plus. Le but est de continuer à se battre, parce que le temps joue pour nous. Le temps joue pour nous, parce que le temps révèle les effets secondaires, le temps révèle l'inefficacité de ce pseudo-vaccin, le temps révèle que l'ARN messager peut être un poison et un danger pour le corps, comme l'ont affirmé dès le début les professeurs Perronne et Montagnier ou encore Alexandra Henrion-Caude. Le problème, c'est que, pour la doxa, il est très important de stigmatiser, très important de discréditer des personnes comme Fouché, Raoult ou moi-même, de les désigner comme de dangereux complotistes, parce que la doxa a besoin de discréditer toute parole contraire. Mais les élections du 19 juin 2022 ont marqué un coup d'arrêt à toute cette folie. Emmanuel Macron pensait passer comme une lettre à la poste, mais les Français ont dit non. Par crainte des poursuites auxquelles, tôt ou tard, ils n'échapperont pas, de plus en plus de responsables commencent à retourner leur veste et cherchent à se refaire une virginité, à commencer par M. Delfraissy en juillet 2022, tentant d'esquiver toute responsabilité, d'un « On a pu être instrumentalisés[1] », et se défaussant sur le gouvernement

1. Jean-François Delfraissy, alors président du conseil scientifique Covid-19, le 20 juillet 2022 : « On a pu être instrumentalisés par nous-mêmes, par vous, les médias, qui avez porté l'idée d'un troisième pouvoir médical et par le politique lui-même. »
https://www.nouvelobs.com/sante/20220722.OBS61201/le-conseil-scientifique-tire-sa-reverence-nous-avons-parfois-ete-instrumentalises.html.

et les médias. Mais il faut rester extrêmement vigilant. Quand un pouvoir se rend compte qu'il peut supprimer les libertés en temps de crise, il sera toujours tenté de créer des crises pour supprimer davantage de libertés.

Ne perdons jamais de vue que la gouvernance ne connaît aucune limite et ne reculera devant rien dès lors qu'elle a un programme à mettre en place « coûte que coûte ». Comme le dit Monseigneur Vigano face à ce coup d'État mondial, il est nécessaire de former une alliance antimondialiste internationale qui rassemble tous ceux qui veulent s'opposer à la dictature.

Le fait est, néanmoins, que cette crise a été une révélation. Elle aura certainement réveillé et alerté beaucoup de monde. Le totalitarisme, c'est la confiscation du temps de vie, une vie qui n'a plus de sens, qui ne laisse plus aux gens le temps de penser ce que doit être leur vie. Il est probable qu'un grand nombre de personnes aient été poussées dans leurs retranchements, poussées à prendre conscience, poussées à une forme d'expérience de transcendance qui les a amenées au courage et à la foi. Beaucoup ont été amenées à entreprendre des changements qu'elles n'auraient peut-être pas envisagés. Sinon, en tout cas, elles ont été poussées à revoir de façon plus radicale ce qu'étaient leur vie, leurs valeurs essentielles, leurs priorités, le sens de leur vie.

H. L.: *Quel bilan personnel faites-vous de trois ans de lutte au sein et à la tête de Reaction19 ? Est-ce que cela a changé quelque chose en vous ?*

C. A. B.: Oui, un point fondamental, comme je l'ai déjà évoqué : je suis prêt à tout perdre et je n'ai pas peur. Et c'est parce que je suis prêt à tout perdre que je n'ai pas peur. Et c'est un vrai cheminement, personnel, psychologique.

Il y a quelque temps de cela, à force d'insultes, d'attaques, de pressions, de menaces, j'étais un peu las, fatigué. Et puis je me suis remémoré ce moment où je suis arrivé à Paris, quand j'étais assis sur cette valise, à 7 h 15 du matin, seul au bout du quai, gare de Lyon. J'avais une valise, des vêtements, je ne savais pas où j'allais dormir. Je partais de zéro, j'avais tout quitté, l'Italie, la famille, je n'avais pas encore fait d'études, je n'avais pas de travail, je n'avais rien. Et là, je me suis dit : « Est-ce que j'étais malheureux ? » J'ai fermé les yeux et j'ai tenté de ressentir à nouveau l'émotion que j'avais à ce moment-là, assis sur cette valise, et je me suis dit : « Oui, tu n'avais rien, mais tu avais une magnifique page blanche devant toi. Toute la vie était ouverte devant toi. Il n'y avait plus aucune limite, plus aucun barrage. Tout était possible. Est-ce que ce n'était pas le moment le plus libre que tu avais dans ta vie ? » Donc je me suis placé dans cet état d'esprit, et cet état d'esprit a balayé tout.

Je crois que j'ai besoin de donner aux autres, et pas seulement de me lever le matin pour gagner des dossiers et de l'argent. Gagner de l'argent, j'en suis capable, et avec Reaction19, je ne gagne pas un centime. Mes proches me font toute confiance, quoi qu'il advienne. Aujourd'hui, ma femme m'aime, mes enfants m'aiment, que je perde tout ou non. Et s'il advenait qu'ils ne m'aiment plus parce qu'un jour je n'aurais plus rien, cela voudrait dire qu'ils ne m'aimaient pas. Mais je sais que ce n'est pas le cas. Mon épanouissement ne passe plus par le regard des autres, mon épanouissement passe avant tout par le regard que j'ai sur moi-même et par l'estime que j'ai de moi. Peut-être qu'avant j'avais plus d'argent, plus de confort matériel, mais je n'avais pas cette estime. Aujourd'hui, la composante de ma vie qui est de donner est plus importante que celle d'avoir. Je suis très heureux parce que j'ai vraiment donné beaucoup, mais j'ai aussi beaucoup reçu. Je suis beaucoup mieux dans ma relation avec les autres. J'ai vécu une forme de dépassement de soi à la fois en étant, comme tous les autres, quelqu'un qui subissait, mais aussi obligé par l'engagement que j'avais pris de donner aux autres l'envie de se battre, l'envie de croire. J'ai été obligé de me reconnecter à une foi. Si nous n'avions pas un peu de spiritualité, de transcendance, comment aurions-nous pu passer le cap face à tout ce que nous avons enduré pendant trois ans ?! Nous avons pu continuer à nous battre parce que nous avons la spiritualité en nous, de l'amour dans notre cœur ; et c'est pour cela que nous continuons à partager l'espoir que les choses peuvent changer. Nous n'avons pas besoin d'être ajustés à toutes sortes de technologies pour ressentir la magie de la vie. La magie de la vie, c'est se connecter à son âme, se connecter à ce qui est déjà là, disponible à tout instant, et dont cette surabondance technologique voudrait nous éloigner. Le fait de nous connecter à notre âme nous invite à des découvertes et à une magie bien plus considérables que toute technologie. C'est sans doute à cela que je me suis réajusté.

Aujourd'hui, je me sens plein d'amour, plein d'amour pour mes amis, plein d'amour pour ma femme, pour mes enfants, pour ma famille. Tous les jours, je leur dis « je t'aime ». Je ne le faisais pas, il y a deux ou trois ans. J'ai toujours été un affectif, mais pas à ce point-là. Aujourd'hui, je me suis regonflé d'amour, et peut-être qu'il est tellement débordant qu'on le ressent, car, quand je rencontre les gens, c'est avec une plus grande spontanéité. Je pense que la parole « Aime ton prochain comme toi-même » est d'une incroyable force et vérité ; aussi parce que tu aimes ton prochain quand tu t'aimes, quand tu t'apprécies. Aujourd'hui, j'apprécie ce que je suis, j'apprécie ce que je fais, mais pas dans un comportement égocentrique en me disant : « Oh, comme tu es magnifique, brillant, intelligent ! » Non, pas du tout. S'aimer, c'est autre chose. Je ne saurais même pas l'expliquer.

Je crois qu'il faut avoir le courage de quitter les apparences pour se rétablir dans le vrai, quitter le jeu de la contenance d'un costume tiré à quatre épingles pour te faire reconnaître en tant qu'avocat dans un milieu d'apparence. En réalité, il n'est pas nécessaire de croire que nous sommes le centre du monde pour avoir l'impression que nous avons réussi notre vie, pas plus que d'avoir des possessions ou des amis influents, ou des assurances-vie à gogo, ou une réputation indéfectible. Non, il suffit d'aimer et de s'aimer, de façon à voir que seul l'amour permet de sentir qu'on a réussi au-delà de ce que nous pensions.

Seul l'amour est une valeur sûre, éternelle ; et c'est sans doute tout le malheur de ceux que nous combattons que d'en être aussi démunis, car on ne peut pas savoir ce que c'est que d'aimer et se conduire comme ils le font. C'est là tout leur malheur, que, hélas, ils nous donnent en partage.

Le sentiment d'amour est un sentiment vital, indispensable, incontournable, pour l'épanouissement personnel et universel. Seul le sentiment d'amour peut nous combler au-delà de nos espoirs les plus fous et les plus ambitieux.

À PROPOS DE REACTION19, DE JUIN 2020 À MAI 2023

« De l'audace, du courage et croire à l'énergie
que l'homme peut déployer pour faire rejaillir la justice ! »
Carlo Alberto Brusa

L'association Reaction19 met en œuvre tous les moyens juridiques et judiciaires dans toutes les actions individuelles et collectives ayant un lien avec les mesures législatives, décrétales et réglementaires, prises par les autorités françaises, de l'Union Européenne et du monde, pour lutter contre la « pandémie » de la COVID19.

Aujourd'hui, Reaction19 compte 115 269 adhérents, le pic a été atteint en septembre 2021, dont 54 476 membres sont actifs.

Au cours de ces trois années, l'association a publié 640 vidéos, qui ont atteint 12 258 000 vues ! Parmi ces vidéos, 503 sont des directs de Carlo Alberto Brusa, président de Reaction19 et 137 sont des interviews, dont droit de penser, portraits, tête à tête et émissions collectives.

Mais aussi, 871 articles ont été publiés, dont 146 plaintes, 251 documents Reaction19, 99 mises en demeure, 67 notes juridiques, 54 courriers au président de la République et aux ministres, 25 enquêtes de Reaction19, 6 référés et 223 articles concernent la crise sanitaire.

Les articles, documents et actes ont été consultés 40 231 853 fois.

L'attestation sur l'honneur pour circuler sans le passe sanitaire en vigueur, a évolué au fil du temps et des modifications juridiques. Elle a été téléchargée 1 021 260 fois.

L'association a reçu, au cours de ces trois ans, 1 253 133 courriels et plus de 200 000 appels téléphoniques.

Reaction19 a déposé une première plainte pénale auprès du procureur de la République de Paris dénonçant notamment l'extorsion de consentement pour la pratique de la vaccination en janvier 2021. Cette plainte été classée, mais elle a réveillé les esprits et ouvert la voie à l'approche critique sur cette campagne de vaccination organisée en quelques mois.

Le tribunal judiciaire de Paris a été saisi en référé, pour dénonciation de l'irrégularité de la transcription des vaccins dans le décret du 16 octobre 2020. Le Tribunal a rejeté le recours, mais les parties adverses ont reconnu que la nomenclature des vaccins inscrits dans le décret n'étaient pas celles ayant fait l'objet de AMM conditionnelles. La cour d'appel de Paris a infirmé le jugement sur la condamnation pour procédure abusive en première instance et confirmé le rejet de la voie de fait.

Reaction19 a déposé une plainte pénale dénommée « Ce ne sont pas des vaccins », redéposée plus de 800 fois par des citoyens. Elle est en cours de transformation en plainte avec constitution de partie civile, afin qu'elle soit déposée auprès du doyen des juges d'instruction de Paris.

Une plainte avec constitution de partie civile a été déposée à l'encontre de Monsieur Emmanuel Macron et du journal *Le Parisien* pour les propos injurieux « Je vais emmerder les non vaccinés jusqu'au bout. ». 1 730 personnes se sont constituées parties civiles dans le cadre de cette procédure qui est en cours.

Une plainte simple a été déposée par plusieurs centaines de personnes à l'encontre de Madame von der Leyen pour plusieurs infractions financières dans le cadre de la négociation des contrats

« vaccins », notamment avec Pfizer. Elle est en cours d'examen et des auditions sont en cours également.

Une plainte criminelle soutenue par Reaction19 pour crimes causés par l'administration des vaccins et les effets secondaires est en cours d'instruction.

Une plainte est à venir pour dénoncer la présence de matériaux dans les vaccins, dont notamment le graphène, et pour plusieurs infractions criminelles dont l'administration de substances nuisibles à la santé.

De nombreux collectifs nationaux sont affiliés à Reaction19 :

Collectif Reaction19 – **Pays de la Loire** (nord) Contact : r19paysdelaloire-nord@ik.me
Collectif Reaction19 – **Cote d'Azur** reaction19.cotedazur@gmail.com
Collectif Reaction19 – **Ouest-PACA-Avignon** Contact : reaction19-ouest-paca@protonmail.com
Collectif Reaction19 – **Sud Aquitaine** Contact : collectif-reaction19-64-40@protonmail.com
Collectif Reaction19 – **Bourgogne** Contact : CollectifR19Bourgogne@protonmail.com
Collectif Reaction19 – **Languedoc Roussillon** Contact : R19languedoc-roussillon@protonmail.com
Collectif Reaction19 – **Cantal Auvergne** Contact : collectif15reaction19@protonmail.com
Collectif Reaction19 – **Bas-Rhin** Contact : lescitoyenslibresdu67-circo6@protonmail.com
Collectif Reaction19 – **Rhône** Contact : reaction19.rhone@gmail.com
Collectif Reaction19 – **Saône et Loire** Contact : collectifR19-saoneetloire@outlook.fr

Reaction19 est également présent à l'international :
Italie, Grande-Bretagne, Espagne, Allemagne, Russie.

ANNEXES

ANNEXE 1

Extraits du rapport Pfizer BNT162b2

Table 1 below presents the main characteristics of the overall cases.

Table 1. General Overview: Selected Characteristics of All Cases Received During the Reporting Interval

Characteristics		Relevant cases (N=42086)
Gender:	Female	29914
	Male	9182
	No Data	2990
Age range (years): 0.01 -107 years Mean = 50.9 years n = 34952	≤ 17	175[a]
	18-30	4953
	31-50	13886
	51-64	7884
	65-74	3098
	≥ 75	5214
	Unknown	6876
Case outcome:	Recovered/Recovering	19582
	Recovered with sequelae	520
	Not recovered at the time of report	11361
	Fatal	1223
	Unknown	9400

a. in 46 cases reported age was <16-year-old and in 34 cases <12-year-old.

As shown in Figure 1, the System Organ Classes (SOCs) that contained the greatest number (≥2%) of events, in the overall dataset, were General disorders and administration site conditions (51,335 AEs), Nervous system disorders (25,957), Musculoskeletal and connective tissue disorders (17,283), Gastrointestinal disorders (14,096), Skin and subcutaneous tissue disorders (8,476), Respiratory, thoracic and mediastinal disorders (8,848), Infections and infestations (4,610), Injury, poisoning and procedural complications (5,590), and Investigations (3,693).

SVII.1.2. Risks Considered Important for Inclusion in the List of Safety Concerns in the RMP

Important Identified Risk: Anaphylaxis

Risk-benefit impact

Anaphylaxis is a serious adverse reaction that, although very rare, can be life-threatening.

Important Identified Risk: Myocarditis and Pericarditis

Risk-benefit impact

Myocarditis and pericarditis are serious conditions that may occur concomitantly and that may range in clinical importance from mild to life-threatening.

Important Potential Risk: Vaccine-Associated Enhanced Disease (VAED), including Vaccine-Associated Enhanced Respiratory Disease (VAERD)

Risk-benefit impact

Although not observed or identified neither in clinical studies nor in the post-authorization experience with COVID-19 vaccines, there is a theoretical risk, mostly based on non-clinical betacoronavirus data, of VAED occurring either before the full vaccine regimen is administered or in vaccinees who have waning immunity over time. If VAED were to be identified as a true risk, depending on its incidence and severity, it may negatively impact the overall vaccine benefit risk assessment for certain individuals.

Missing Information: Use in Pregnancy and while breast feeding

Risk-benefit impact

The safety profile of the vaccine is not fully known in pregnant or breastfeeding women due to their initial exclusion from the pivotal clinical study however, post-marketing experience in pregnant women is available.[94] Additionally one clinical study of the safety and immunogenicity of the COVID-19 vaccine in pregnant women is ongoing (C4591015); 2 non-interventional studies (C4591009 and C4591011) to assess whether sub-cohorts of interest, such as pregnant women, experience increased risk of safety events of interest following receipt of the COVID-19 vaccine are planned and another 2 non-interventional studies, C4591021 and C4591022, are ongoing.

It is important to obtain long term follow-up on women who were pregnant at or around the time of vaccination so that any potential negative consequences to the pregnancy can be assessed and weighed against the effects of maternal COVID-19 on the pregnancy.

Missing Information: Use in immunocompromised patients

Risk-benefit impact

The safety profile of the vaccine is not known in immunocompromised individuals due to their exclusion from the pivotal clinical study. The efficacy of the vaccine may be lower in immunocompromised individuals, thus decreasing their protection from COVID-19. A non-interventional study [C4591024 (former Safety and immunogenicity in high-risk adults)] to evaluate the safety, tolerability, and immunogenicity of vaccine candidate BNT162b2 in immunocompromised participants ≥2 years of age is approved.

Missing Information: Use in frail patients with co-morbidities (eg. chronic obstructive pulmonary disease (COPD), diabetes, chronic neurological disease, cardiovascular disorders)

Risk-benefit impact

There is limited information on the safety of the vaccine in frail patients with co-morbidities who are potentially at higher risk of severe COVID-19.

Missing Information: Use in patients with autoimmune or inflammatory disorders

Risk-benefit impact

There is limited information on the safety of the vaccine in individuals with autoimmune or inflammatory disorders and a theoretical concern that the vaccine may exacerbate their underlying disease.

Missing Information: Interaction with other vaccines

Risk-benefit impact

COVID-19 mRNA vaccine will be used in individuals who also may receive other vaccines. Studies to determine if co-administration of COVID-19 mRNA vaccine with other vaccines may affect the efficacy or safety of either vaccine have not been performed. One protocol study (C4591030 - *Co-administration study with seasonal influenza vaccine*) is planned.

Missing Information: Long term safety data

Risk-benefit impact

The long-term safety of COVID-19 mRNA vaccine is unknown at present, however further safety data are being collected in ongoing Study C4591001 for up to 2 years following administration of dose 2 of COVID-19 mRNA vaccine and 2 non-interventional studies (C4591036 and C4591038) are planned.

SVII.2. New Safety Concerns and Reclassification with a Submission of an Updated RMP

Not applicable.

SVII.3. Details of Important Identified Risks, Important Potential Risks, and Missing Information

Table 52. Anaphylaxis [a]

<table>
<tr><td>Characterisation of the risk
(Cont'd)</td><td>
serious Anaphylactic reaction reported as resolved and deemed not related to study treatment by the Investigator.

<u>Data from the safety database (non-CT)</u>
Through 30 September 2021 there were 6327 cases (1.0% of the total post authorization dataset) reporting a total of 6524 events in individuals 16 years and older including:
Anaphylactic reaction (5581), Anaphylactic shock (800), Anaphylactoid rection (135) and Anaphylactoid shock (8).
Overall event seriousness and outcome are summarized below.
<table>
<tr><th></th><th>Total Events
N = 6524 (%)</th></tr>
<tr><td>Serious events</td><td>6521 (100)</td></tr>
<tr><td>Events with Criterion of Hospitalization</td><td>2128 (32.6)</td></tr>
<tr><td colspan="2">Distribution of events by Outcome</td></tr>
<tr><td>Outcome: Death</td><td>39 (0.6)</td></tr>
<tr><td>Outcome: Resolved/Resolving</td><td>4881 (74.8)</td></tr>
<tr><td>Outcome: Not resolved</td><td>339 (5.2)</td></tr>
<tr><td>Outcome: Resolved with sequelae</td><td>97 (1.5)</td></tr>
<tr><td>Outcome: Unknown</td><td>1174 (18)</td></tr>
</table>
Booster Dose (Participants 16 years of age and older)

<u>Data from the CT database (Study C4591001)</u>
Through 17 June 2021, no cases were retrieved reporting anaphylaxis in the participants who received booster dose.
<u>Data from the safety database (non-CT)</u>
Through 30 September 2021, there were 4 cases among subjects who received a booster: 2 subjects experienced Anaphylactic reaction with outcome resolved and another 2 experienced Anaphylactic shock with outcome unknown. Three (3) subjects received the initial 2-dose regimen of BioNTech COVID-19 Vaccine, 1 previously received 2 doses of an unknown COVID-19 vaccine. One of these 4 subjects was immunocompromised.
<u>Conclusion</u>: Evaluation of cases of Anaphylactic reaction/shock, Anaphylactoid reaction/shock through 30 September 2021, did not reveal any significant new safety information. Anaphylaxis is appropriately described in the product labeling as are non-anaphylactic hypersensitivity events. Surveillance will continue.
</td></tr>
<tr><td>Risk factors and risk groups</td><td>Known hypersensitivity to any components of the vaccine. As IgE hypersensitivity is known to occur at re-challenge with the allergen in sensitized individuals, the risk of anaphylactic reactions following a 3rd exposure to the same substance is anticipated to be lower in individuals without history of hypersensitivity response to first or second exposure.[95]</td></tr>
<tr><td>Preventability</td><td>Prevention of anaphylaxis may not be possible, particularly with the 1st dose of a vaccine; therefore, healthcare professionals administering the vaccine must be vigilant for early signs and symptoms.</td></tr>
<tr><td>Impact on the risk-benefit balance of the biologic product</td><td>Anaphylactic reaction in an individual can be impactful (medically important) because it is a potentially life-threatening event requiring medical intervention.</td></tr>
</table>

Table 53. Myocarditis and Pericarditis[a]

	Myocarditis: 1 case of myocarditis reported as resolved and deemed not related to study treatment by the Investigator. Pericarditis (2 cases): Two (2) serious adverse events [PT Pericarditis] were reported as resolved/resolving, both deemed not related to study treatment by the Investigator. **Data from the safety dataset (non-CT)** Since the first temporary authorization for emergency supply under Regulation 174 in the UK (01 December 2020) and through 30 September 2021, there were 5647 potentially relevant cases (0.9% of the total post-authorization dataset): 3165 cases reported myocarditis and 2482 cases reported pericarditis (in 298 of these 5647 cases, the subjects were reported to have developed both myocarditis and pericarditis, unique number was 5349 cases). Myocarditis (3165 cases): These 3165 cases were individually reviewed and assessed according to BC Myocarditis Case Definition and Level of Certainty Classification (version 1.4.2, 30 May 2021), as shown in the table below:

Brighton Collaboration Level	Number of cases
BC 1	312
BC 2	135
BC 3	68
BC 4	2630
BC 5	20
Total	3165

Level 1 indicates a definitive case with the highest level of diagnostic certainty of myocarditis, level 2 indicates a probable case, and level 3 indicates a possible case. Level 4 is defined as "reported event of myocarditis with insufficient evidence to meet the case definition" and Level 5 as not a case of myocarditis.

There were 3145 cases meeting BC Level 1 to 4, which are presented below:

Reported relevant PTs: Myocarditis (3140), Autoimmune myocarditis (2), Eosinophilic myocarditis, Hypersensitivity myocarditis and Immune-mediated myocarditis (1 each).

Overall event seriousness and outcome of these 3145 cases are summarized below:

	Total Events N = 3145 (%)
Serious events	3129 (99.5)
Events with Criterion of Hospitalization	1999 (63.6)
Distribution of events by Outcome	
Outcome: Death	52 (1.7)
Outcome: Resolved/Resolving	1353 (43)
Outcome: Not resolved	906 (28.8)

Table 53. Myocarditis and Pericarditis[a]

Outcome: Resolved with sequelae	73 (2.3)
Outcome: Unknown/No data	763 (24.3)

Pericarditis (2482 cases)

Reported relevant PTs: Pericarditis (2449), Pleuropericarditis (37) and Pericarditis constrictive (6).

Overall event seriousness and outcome of these 2482 cases are summarized below:

	Total Events N = 2492 (%)
Serious events	2484 (99. 7)
Events with Criterion of Hospitalization	1002 (40.2)
Distribution of events by Outcome	
Outcome: Death	10 (0.4)
Outcome: Resolved/Resolving	1256 (50.4)
Outcome: Not resolved	698 (28)
Outcome: Resolved with sequelae	34 (1.4)
Outcome: Unknown/No data	495 (19.9)

Booster Dose (Participants 16 years of age and older)

Data from the CT database (Study C4591001)
Through 17 June 2021, no cases were retrieved reporting myocarditis and pericarditis in the participants who received booster dose.

Data from the safety database (non-CT)
Through 30 September 2021, 6 cases were identified among subjects who received a booster dose: 3 subjects experienced myocarditis (assessed according to BC as level 4) and 3 experienced pericarditis (assessed according to BC as level 4); 3 subjects received a heterologous vaccination cycle, 2 received an initial 2 dose regimen of an unknown COVID-19 vaccine and 1 received the initial 2-dose regimen of the Pfizer-BioNTech vaccine. None was immunocompromised. Overall event seriousness and outcome of these 6 cases are summarized below:

	Total Events N = 6
Serious events*	3
Events with Criterion of Hospitalization	1
Distribution of events by Outcome	
Outcome: Death	1
Outcome: Resolved/Resolving	2
Outcome: Not resolved	3
Outcome: Resolved with sequelae	0
Outcome: Unknown/No data	0
*In 1 case myocarditis was upgraded to serious after the RMP DLP	

Conclusion: the MAH has updated the labels to include information about myocarditis and pericarditis following vaccine administration; a Direct Healthcare Professional Communication (DHPC) to address these findings was distributed. Surveillance will continue.

Risk factors and risk groups	Post-authorization reports have been received for more males than females, over a wide age range and following dose 1 and dose 2 of the vaccine. Evaluation by the

SVII.3.2. Presentation of the Missing Information

Table 55. Use in Pregnancy and while Breast Feeding

<u>Evidence source:</u> The safety profile of the vaccine is not yet fully known in pregnant or breastfeeding women due to their initial exclusion from the pivotal clinical study. There may be pregnant women who choose to be vaccinated. It is important to follow these women for pregnancy and birth outcomes. The timing of vaccination in a pregnant woman and the subsequent immune response may have varying favourable or unfavourable impacts on the embryo/foetus. The clinical consequences of SARS-CoV-2 infection to the woman and foetus during pregnancy are not yet fully understood but some data have suggested that pregnant women have an increased risk of severe disease and complications when affected by COVID-19. This information should be considered in the benefit-risk consideration for vaccination in pregnancy. <u>Population in need of further characterization</u>: The lack of data is communicated in product labelling; for clinical study of the safety and immunogenicity of COVID-19 mRNA vaccine in pregnant women and while breast feeding, see PART III.2 and PART III.3.

Table 56. Use in Immunocompromised Patients

<u>Evidence source:</u> The vaccine has not been studied in individuals with overt immunocompromised conditions. Therefore, further safety data will be sought in this population. <u>Population in need of further characterisation:</u> Safety data will be collected in individuals with compromised immune function due to acquired or genetic conditions or conditions requiring the use of immunosuppressants as this population of individuals in the active surveillance studies and the clinical studies proposed by the MAH (see PART III.2 and PART III.3).

Table 57. Use in Frail Patients with Co-morbidities (e.g., chronic obstructive pulmonary disease (COPD), diabetes, chronic neurological disease, cardiovascular disorders)

<u>Evidence source:</u> The vaccine has been studied in individuals with stable chronic diseases (e.g., hypertension, obesity) however, it has not been studied in frail individuals with severe co-morbidities that may compromise the immune function due to the condition or treatment of the condition. Therefore, further safety data will be sought in this population. <u>Population in need of further characterisation:</u> Safety data will be collected in individuals who are frail due to age or debilitating disease in the active surveillance studies and through routine pharmacovigilance (see PART III.2 and PART III.3).

Table 58. Use in Patients with Autoimmune or Inflammatory Disorders

<u>Evidence source:</u> There is limited information on the safety of the vaccine in patients with autoimmune or inflammatory disorders. <u>Population in need of further characterisation:</u> Safety data will be collected in individuals with autoimmune or chronic inflammatory diseases, including those who may be on immunosuppressants in the active surveillance studies (see PART III.2 and PART III.3).

In addition to these measures, information about adverse events is collected continuously and regularly analysed, including PSUR assessment so that immediate action can be taken as necessary. These measures constitute *routine pharmacovigilance activities*.

If important information that may affect the safe use of Comirnaty is not yet available, it is listed under 'missing information' below.

II.A List of Important Risks and Missing Information

Important risks of Comirnaty are risks that need special risk management activities to further investigate or minimise the risk, so that the medicinal product can be safely administered. Important risks can be regarded as identified or potential. Identified risks are concerns for which there is sufficient proof of a link with the use of Comirnaty. Potential risks are concerns for which an association with the use of this medicine is possible based on available data, but this association has not been established yet and needs further evaluation. Missing information refers to information on the safety of the medicinal product that is currently missing and needs to be collected (e.g., on the long-term use of the medicine).

Table 67. List of Important Risks and Missing Information

Important identified risks	Anaphylaxis Myocarditis and Pericarditis
Important potential risks	Vaccine-associated enhanced disease (VAED) including Vaccine-associated enhanced respiratory disease (VAERD)
Missing information	Use in pregnancy and while breast feeding
	Use in immunocompromised patients
	Use in frail patients with co-morbidities (e.g., chronic obstructive pulmonary disease [COPD], diabetes, chronic neurological disease, cardiovascular disorders)
	Use in patients with autoimmune or inflammatory disorders
	Interaction with other vaccines
	Long term safety data

Table 71. Missing Information: Use in Pregnancy and while Breast Feeding

Risk minimisation measures	Routine risk minimisation measures: SmPC section 4.6; PL section 2. Additional risk minimisation measures: No risk minimisation measures.
Additional pharmacovigilance activities	• C4591009[a] • C4591010[a] • C4591011[a] • C4591015 • C4591021 (former ACCESS/VAC4EU)[a] • C4591022[a] See Section II.C of this summary for an overview of the post-authorisation development plan.

a. Please note that studies C4591009, C4591010, C4591011, C4591021 (former ACCESS/VAC4EU) and C4591022 address only "Use in pregnancy".

Table 72. Missing Information: Use in Immunocompromised Patients

Risk minimisation measures	Routine risk minimisation measures: SmPC sections 4.4 and 5.1. Additional risk minimisation measures: No risk minimisation measures.
Additional pharmacovigilance activities	• BNT162-01 cohort 13 • C4591010[a] • C4591011 • C4591012 • C4591021 (former ACCESS/VAC4EU) • C4591024 (former Safety and Immunogenicity in high-risk adults) See Section II.C of this summary for an overview of the post-authorisation development plan.

a. Addresses AESI-based safety events of interest

Study	Purpose of the study
C4591010	To estimate the incidence rates of medically attended safety events of interest (based on the list of AESI) and other clinically significant events among persons vaccinated with the COVID-19 mRNA vaccine and to assess whether these rates elevated relative to estimated expected rates.
C4591015	To assess safety and immunogenicity in pregnant women In addition, exploratory objectives include: (a) To describe the immune response in infants born to breastfeeding maternal participants vaccinated with prophylactic COVID-19 mRNA vaccine during pregnancy. (b) To describe the safety of maternal immunisation in infants born to breastfeeding maternal participants vaccinated with prophylactic COVID-19 mRNA vaccine during pregnancy.
C4591014	To estimate the effectiveness of 2 doses of COVID-19 mRNA vaccine against hospitalisation and emergency department admission for acute respiratory illness due to SARS-CoV-2 infection.
WI235284	To estimate the effectiveness of 2 doses of COVID-19 mRNA vaccine against hospitalisation for acute respiratory illness due to SARS-CoV-2 infection.
WI255886	To estimate the effectiveness of 2 doses of COVID-19 mRNA vaccine against hospitalisation for acute respiratory illness due to SARS-CoV-2 infection.
BNT162-01 Cohort 13	To assess potentially protective immune responses in immunocompromised adults.
C4591024 (former Safety and immunogenicity in high-risk adults)	Safety, tolerability and immunogenicity based on representative medical conditions (≥18 years: NSCLC, CLL, in hemodialysis for end-stage renal disease).
C4591021 (former ACCESS/ VAC4EU)	Assessment of potential increased risk of adverse events of special interest (AESI) among individuals (all ages) after being vaccinated with COVID-19 mRNA vaccine. Estimating the time trend, in relation to DHPC letter dissemination, of the proportion of individuals who received real-world clinical assessments for myocarditis/pericarditis following Comirnaty vaccination.
C4591038 (former C4591021 substudy)	To assess the natural history of post-vaccination myocarditis/pericarditis, including recovery status, risk factors, and/or identification of serious cardiovascular outcomes within 1 year of myocarditis/pericarditis diagnosis among individuals (all ages) vaccinated with BNT162b2 as well as individuals not vaccinated with a COVID-19 vaccine.
C4591022	To assess whether pregnant women receiving BNT162b2 experience increased risk of pregnancy and infant safety outcomes, including major congenital malformations, spontaneous abortion, stillbirth, preterm delivery, small for gestational age, and small for age postnatal growth to one year of age.
C4591036 (former Pediatric Heart Network study)	To characterize the clinical course, risk factors, long-term sequelae, and quality of life in children and young adults <21 years with acute post-vaccine myocarditis
C4591030 (Co-administration study with seasonal influenza vaccine)	Safety and immunogenicity of COVID-19 mRNA vaccine and quadrivalent seasonal influenza vaccine when administered separately or concomitantly.

ANNEXE 2

Extrait du rapport Pfizer PF-07302048

a P2 S concentration series, after initial baseline equilibration of 120 seconds, the sensors were dipped in a 10 µg/mL solution of Avi-tagged ACE2-PD or B38 mAb for 300 seconds to achieve capture levels of 1 nM using the threshold function. Then, after another 120 seconds of baseline, binding data were collected for 300 seconds of association and 600 seconds of dissociation.

Biolayer interferometry data were collected with Octet Data Acquisition software version 10.0.0.87 and processed using FortéBio Data Analysis software version 10.0. Data were reference subtracted and fit to a 1:1 binding model with R^2 value greater than 0.95 to determine kinetics and affinity of binding using Octet Data Analysis Software v10.0 (FortéBio).

3.4. Cryo-EM of P2 S

For TwinStrep-tagged P2 S, 4 µL purified protein at 0.5 mg/mL were applied to gold Quantifoil R1.2/1.3 300 mesh grids freshly overlaid with graphene oxide. The sample was blotted using a Vitrobot Mark IV for 4 seconds with a force of -2 before being plunged into liquid ethane cooled by liquid nitrogen. 27,701 micrographs were collected from two identically prepared grids. Data were collected from each grid over a defocus range of -1.2 to -3.4 µm with a total electron dose of 50.32 and 50.12 $e^-/Å^2$, respectively, fractionated into 40 frames over a 6-second exposure for 1.26 and 1.25 $e^-/Å^2$/frame. On-the-fly motion correction, CTF estimation, and particle picking and extraction with a box size of 450 pixels were performed in Warp (Tegunov & Cramer, 2019), during which super-resolution data were binned to give a pixel size of 0.87 Å. A total of 1,119,906 particles were extracted. All subsequent processing was performed in RELION 3.1-beta (Zivanov et al, 2018). Particle heterogeneity was filtered out with 2D and 3D classification, yielding a set of 73,393 particles, which refined to 3.6 Å with C3 symmetry. 3D classification of this dataset without particle alignment separated out one class with a single RBD up, representing 15,098 particles. The remaining 58,295 particles, in the three RBD 'down' conformation, were refined to give a final model at 3.29 Å. The atomic model from PDB ID 6XR8 (Cai et al, 2020) was rigid-body fitted into the map density, then flexibly fitted to the density using real-space refinement in Phenix (Adams et al, 2010) alternating with manual building in Coot (Emsley et al, 2010). Data collection, 3D reconstruction and model refinement statistics are listed in Table 1.

Composition : Soft Office

Achevé d'imprimer en juin 2023
sur les presses de la Nouvelle Imprimerie Laballery
58500 Clamecy
Dépôt légal : juin 2023
Numéro d'impression : 306491

Imprimé en France

La Nouvelle Imprimerie Laballery est titulaire de la marque Imprim' Vert®